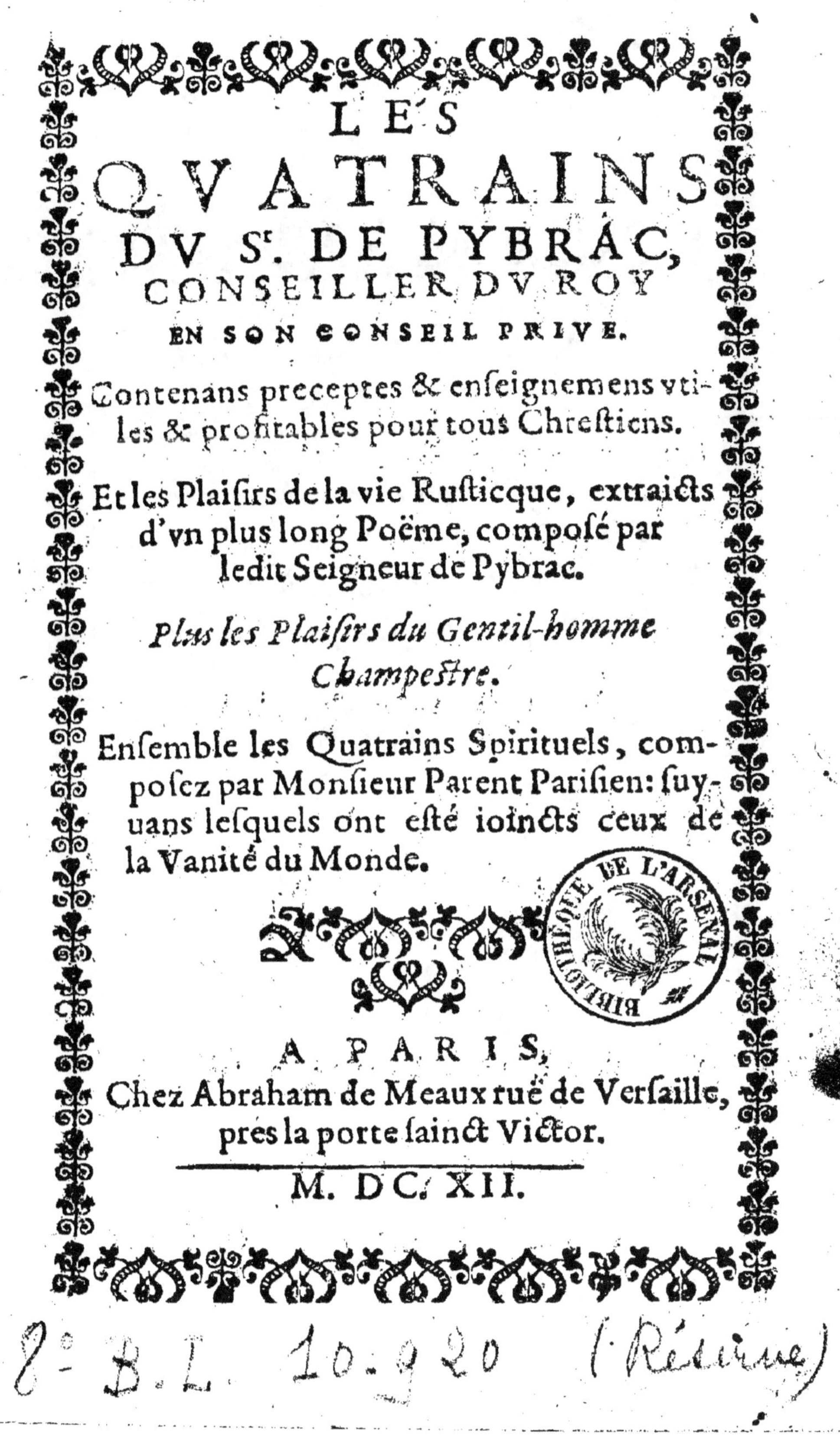

LES QVATRAINS

DV Sⁿ. DE PYBRAC,

CONSEILLER DV ROY

EN SON CONSEIL PRIVE.

Contenans preceptes & enseignemens vti-
les & profitables pour tous Chrestiens.

Et les Plaisirs de la vie Rusticque, extraicts
d'vn plus long Poëme, composé par
ledit Seigneur de Pybrac.

Plus les Plaisirs du Gentil-homme
Champestre.

Ensemble les Quatrains Spirituels, composez par Monsieur Parent Parisien: suyuans lesquels ont esté ioincts ceux de
la Vanité du Monde.

A PARIS,

Chez Abraham de Meaux ruë de Versaille,
prés la porte sainct Victor.

M. DC. XII.

AV LECTEVR
SALVT.

IE n'ay tasché cest œuure façonner
D'vn stile doux, afin qu'il puisse plaire:
Car aussi bien n'entends-ie le donner,
Qu'à ceux qui n'ont soucy que de bien faire.

LES
QVATRAINS
DV SEIGNEVR DE
PYBRAC, CONSEILLER DV ROY
EN SON CONSEIL PRIVE'.

I

Ieu tout premier, puis pere & mere
    honore:
Sois iuste & droit, & en toute saison,
De l'innocent prens en main la raison,
Car Dieu te doit là haut iuger encore.

II.

Si en iugeant la faueur te commande,
Si corrompu par or, ou par presens
Tu fais iustice au gré des courtisans,
Ne doute point que Dieu ne te le rende.

III.

Auec le iour commence ta iournee,
De l'Eternel le sainct nom benissant:
Le soir aussi ton labeur finissant,
Louë le encor, & passe ainsi l'annee.

IIII.

Adore aßis, comme le Grec ordonne,
Dieu en courant ne veut estre honoré,
D'vn ferme cœur il veut estre adoré,
Mais ce cœur là il faut qu'il nous le dõne.

V.

Ne va disant ma main a faict cet œuure,
Ou ma vertu ce bel œuure a parfaict;
Mais dy ainsi, Dieu par moy l'œuure a fait
Dieu est l'auteur du peu de bien que i'œu-
                                        [ure.

VI.

Tout l'vniuers n'est qu'vne cité ronde,
Chacun a droict de s'en dire bourgeois,
Le Scyte & More autant que le Gregeois,
Le plus petit que le plus grãd du monde.

VII.

Dans le pourpris de ceste cité belle
Dieu a logé l'hõme comme en lieu sainct,
Cõme en vn tẽple où luyméme s'est peint
En mille endroits de couleur immortelle.

V.III.

Il n'y a coin si petit dans ce Temple
Où la grandeur n'apparoiße de Dieu:
L'homme est planté iustement au milieu,
Afin que mieux par tout il la contemple.

IX.

Il ne sçauroit ailleurs mieux la cognoistre
Que dedans soy, où comme en vn miroir
La terre il peut, & le ciel mesme voir;
Car tout le monde est côpris en son estre.

X.

Qui a de soy parfaicte cognoissance
N'ignore rien de ce qu'il faut sçauoir:
Mais le moyen asseuré de l'auoir
Est se mirer dedans la Sapience.

XI.

Ce que tu vois de l'hôme n'est pas l'hôme,
C'est la prison où il est enserré,
C'est le tombeau où il est enterré,
Le lict branlant où il dort vn court sôme.

XII.

Ce corps mortel où l'œil rauy contemple
Muscles & nerfs, la chair, le sang, la peau,
Ce n'est pas l'hôme il est encor' plus beau,
Aussi Dieu l'a reserué pour son temple:

XIII.

A bien parler, ce que l'homme on appelle
C'est vn rayon de la Diuinité,
C'est vn atome esclos de l'vnité,
C'est vn degout de la source eternelle.

XIIII.

Recognois donc homme ton origine,
Et braue & haut dedaigne ces bas lieux,
Puis que fleurir tu dois là haut és cieux,
Et que tu es vne plante Diuine.

XV.

Il t'eſt permis t'orgueillir de la race,
Non de ta mere ou ton pere mortel,
Mais biē de Dieu ton vray pere immortel
Qui t'a moulé au moule de ſa face.

XVI.

Au Ciel n'y a nombre infiny d'Idées,
Platon s'eſt trop en cela meſconté:
De noſtre Dieu la pure volonté
Eſt le ſeul moule à toutes choſes nées.

XVII.

Il veut, c'eſt fait, ſans trauail & ſans peine:
Tous animaux (iuſqu'au moindre qui vit)
Il a creé, les ſouſtient, les nourrit,
Et les defaiĉt du vent de ſon haleine..

XVIII.

Hauſſe les yeux, la voute ſuſpenduë,
Ce beau lambris de la couleur des eaux,
Ce rond parfait de deux globes iumeaux
Ce firmament eſloigné de la veuë.

XIX.

Bref, ce qui est, qui fut, & qui peut estre,
En terre, en mer, au plus caché des cieux,
Si tost que Dieu l'a voulu pour le mieux,
Tout aussi-tost il a receu son estre.

XX.

Ne va suiuãt le troupeau d'Epicure, (lieu
Troupeau vilain, qui blaspheme en tout
Et mescroyant ne cognoist autre Dieu,
Que le fatal ordre de la nature.

XXI.

Et cependant il se veautre & patroüille
Dans vn bourbier puant de tous costez,
Et du limon des sales voluptez
Il se repaist comme vne orde grenoüille.

XXII.

Heureux qui met en Dieu son esperance,
Et qui l'inuoque en sa prosperité,
Autant ou plus qu'en son aduersité,
Et ne se fie en humaine asseurance.

XXIII.

Voudrois-tu bien mettre esperance seure
En ce qui est imbecille & mortel?
Le plus grãd Roy du monde n'est que tel,
Et a besoin, plus que toy, qu'on l'asseure.

XXLIII.
De l'hôme droit Dieu est la sauuegarde,
Lors que de tous il est abandonné,
C'est lors que moins il se trouue estonné,
Car il sçait bien que Dieu lors plus le gar-

XXV.   (de.

Les biens du corps, & ceux de la fortune
Ne sont pas biens, à parler proprement,
Ils sont suiets au moindre changement,
Mais la vertu demeure tousiours vne.

XXVI.

Vertu qui gist entre les deux extremes,
Entre le plus & le moins qu'il ne faut,
N'excede en rien, & rien ne luy defaut,
D'autruy n'éprunte, & suffit à soy-mesme

XXVII.

Qui te pourroit, vertu veoir toute nuë,
O qu'ardamment de toy seroit épris!
Puis qu'en tout téps les plus rares esprits
T'ont fait l'amour au trauers d'vne nuë.

XXVIII.

Le sage fils est du pere la ioye:
Or si tu veux ce sage fils auoir,
Dresse-le ieune au chemin du deuoir,
Mais ton exemple est la plus courte voye.

Si

XXIX.

Si tu es né, enfant d'vn sage pere,
Que ne suis-tu le chemin ja batu?
S'il n'est pas tel, que ne t'efforce-tu,
En bien faisant couurir ce vitupere?

XXX.

Ce n'est pas peu, naissant d'vn tige illustre
Estre esclairé par ses antecesseurs:
Mais c'est bien plus luire à ses successeurs,
Que des ayeuls seulement prendre lustre.

XXXI.   (prendre,

Iusqu'au cercueil mon fils vueillles ap-
Et tiens perdu le iour qui s'est passé,
Si tu n'y as quelque chose amassé,
Pour plus sçauant & plus sage te rendre.

XXXII.

Le voyageur qui hors du chemin erre,
Et esgaré se perd dedans les bois,
Au droit chemin remettre tu le dois,
Et s'il est cheu le releuer de terre.

XXXIII.

Ayme l'honneur plus que ta propre vie,
I'entens l'honneur qui consiste au deuoir,
Que rédre on doit(selõ l'humain pouuoir)
A Dieu, au Roy, aux Loix, à sa patrie.

XXXIIII.

Ce que tu peux maintenant ne differe
Au lendemain comme les paresseux:
Et garde aussi que tu ne sois de ceux
Qui par autruy font ce qu'ils pourroient

XXXV.   (faire.

Hante les bós, des meschás ne t'accointe,
Et mesmement en la ieune saison,
Que l'appetit (pour forcer la raison)
Arme nos sens d'vne brutale pointe.

XXXVI.   [Dames

Quand au chemin fourchu de ces deux
Tu te verras (comme Alcide semond)
Suy celle là qui par vn aspre mont
Te guide au Ciel, loing des plaisirs infa-

XXXVII.   (mes.

Ne mets ton pied au trauers de la voye
Du pauure aueugle, & d'vn piquãt propos
De l'homme mort ne trouble le repos,
Et du mal-heur d'autruy ne fais ta ioye.

XXXVIII.

En ton parler sois tousiours veritable,
Soit qu'il te faille en tesmoignage ouyr,
Soit que par fois tu vueille resiouyr,
D'vn gay propos tes hostes à la table.

XXXIX.

La verité d'vn Cube droit se forme,
Cube contraire au leger mouuement,
Son planc quarré iamais ne se desment,
Et en tous sens a tousiours mesme forme.

XL.

L'oyseleur caut se sert du doux ramage
Des oysillons, & contrefait leur chant:
Ainsi pour mieux deceuoir le meschant
Des gens de bien imite le langage.

XLI.

Ce qu'en secret l'on t'a dit ne reuele,
Des fais d'autruy ne sois trop enquerant,
Le curieux volontiers tousiours ment,
L'autre merite estre dit infidele,

XLII.

Fay pois esgal & loyale mesure,
Quand tu deurois de nul estre apperceu:
Mais le plaisir que tu auras receu,
Rends-le tousiours auecques quelque ue-
                                    (sure,

XLIII.

Garde soigneux le depost à toute heure,
Et quand on veut de toy le recouurer
Ne va subtil des moyens controuuer
Dans vn Palais, afin qu'il te demeure.

XLIIII.

L'hôme de sang te soit toufiours en haine,
Huë fur luy, comme fait le berger,
Numidien fur le tygre leger,
Qu'il voit de loing enfanglanter la pleine.

XLV.

Ce n'est pas tout ne faire à nul outrage,
Il faut de plus s'oppofer à l'effort
Du mal-heureux qui pourchaffe la mort,
Ou du prochain la honte & le dommage.

XLVI.

Qui a defir d'exploiter fa proüeffe,
Dompte fon ire & fon ventre & ce feu,
Qui dans nos cœurs s'allume peu à peu,
Soufflé du vent d'erreur & de pareffe.

XLVII.

Vaincre foy-mefme eft la grande victoire
Chacun chez foy loge fes ennemis,
Qui par l'effort de la maifon foubs-mis
Ouure le pas à l'eternelle gloire.

XLVIII.

Si ton amy a commis quelque offenfe,
Ne va foudain contre luy t'irriter,
Ains doucement pour ne le defpiter,
Fay-luy ta plainte, & reçoy fa defenfe.

X L I X.

L'hõme eſt fautif, nul viuant ne peut dire
N'auoir failly : és hommes plus parfaicts
Examinans & leurs dicts & leurs faicts,
Tu trouueras, ſi tu veux, à redire.

L.

Voy l'hypocrite auec ſa triſte mine,
Tu le prendrois pour l'aiſné des Catons :
Et cependant toute nuict à taſtons,
Il court, il va, pour tromper ſa voiſine.

L I.

Cacher ſon vice eſt vne peine extreſme,
Et peine en vain : fay ce que tu voudras,
A toy au moins cacher ne te pourras:
Car nul ne peut ſe cacher à ſoy meſme.

L I I.

Aye de toy, plus que des autres, hontè:
Nul plus que toy, par toy n'eſt offenſé:
Tu dois premier, ſi bien y as penſé,
Rendre de toy, à toy-meſme le compte.

L I I I.

Point ne te chaille eſtre bon d'apparence,
Mais bien de l'eſtre à preuue & par effect :
Contre vn faux bruit que le vulgaire fait,
Il n'eſt rempart tel que la conſcience.

LIIII.

A l'indigent monstre-toy secourable,
Luy faisant part de tes biens à foison :
Car Dieu benit, & accroist la maison
Qui a pitié du pauure miserable.

L V.

Las que te sert tant d'or dedans ta bourse
Au cabinet maint riche vestement,
Dans tes greniers tant d'orge & de fromēt
Et de bon vin dans ta caue vne source ?

L V I.

Si cependant le pauure nud frissonne
Deuant ton huis, & languissant de faim,
Pour tout en fin n'a qu'vn morceau de paï
Ou s'en reua sans que rien on luy donne.

L V I I.

As-tu cruel ! le cœur de telle sorte,
De mespriser le pauure infortuné,
Qui comme toy est en ce monde né,
Et comme toy de Dieu l'Image porte ?

L V I I I.

(mes
Le mal-heur est commun à tous les hom-
Et mesmement aux Princes & aux Roys,
Le sage seul est exempt de ses loix :
Mais où est il ? las ! au siecle où nous som-
mes.

SEIGNEVR DE PYBRAC.

LIX.

Le sage est libre enferré de cent chesnes,
Il est seul riche, & iamais estranger,
Seul asseuré au milieu du danger,
Et le vray Roy des fortunes humaines.

LX.

Le menacer du tyran ne l'estonne,
Plus se roidit quand plus est agité,
Il cognoist seul ce qu'il a merité,
Et ne l'attend hors de soy de personne.

LXI.

Vertu és mœurs ne s'acquiert par l'estude,
Ny par argent, ny par faueur des Rois,
Ny par vn acte, ou par deux, ou par trois,
Ains par cõstante & par longue habitude.

LXII.

Qui lit beaucoup, & iamais ne medite,
Semble à celuy qui mange auidement,
Et de tous mets sur-charge tellement
Son estomach, que rien ne luy profite.

LXIII.

Maint l'vn pouuoit par têps deuenir sage,
S'il n'eust cuidé l'estre ja tout à faict:
Quel artisan fut onc maistre parfaict
Du premier iour de son apprentissage?

LXIIII.
Petits ruisseaux font les grosses riuieres:
Qui bruit si haut à son commencement,
N'a pas long cours, non plus que le torrét,
Qui perd son cours és prochaines fondrie.
LXV.   •   (res.
Maudit celuy qui faude la semence,
Ou qui retient le salaire promis
Au mercenaire, & qui de ses amis
Ne se souuient, sinon en leur presence.

LXVI.
Ne te pariure en aucune maniere:
Et si tu es contrainct faire serment,
Le ciel ne iure, ou l'homme, ou l'element,
Ains par le nom de la cause premiere.

LXVII.
Car Dieu qui hait le pariure execrable,
Et le punit comme il a merité,
Ne veut que l'on tesmoigne verité,
Par ce qui est mensonger & muable.

LXVIII.
Vn art sans plus, en luy seul t'exercite,
Et du mestier d'autruy ne t'empeschant,
Va dans le tien le parfaict recerchant,
Car l'exceller n'est pas gloire petite.

Plus

SEIGNEVR DE PYBRAC.

LXIX.

Plus n'embraſſer q̃ l'õ ne peut eſtraindre,
Aux grands hõneurs cõuoiteux n'aſpirer
Vſer des biens, & ne les deſirer:
Ne ſouhaiter la mort, & ne la craindre.

LXX.

Il ne faut pas aux plaiſirs de la couche
De Chaſteté reſtraindre le beau don,
Et cependant liurer à l'abandon
Ses yeux, ſes mains ſõ oreille & ſa bouche.

LXXI.

Ha! le dur coup qu'eſt celuy de l'oreille,
L'hõme en deuient quelquefois forcené,
Meſme alors qu'il nous eſt aſſené   (le.
D'vn beau parler plein de douce merueil-

LXXII.   (dre,

Mieux nous vaudroit des oreillettes pré-
Pour nous ſauuer de ces coups dãgereux
Par là s'armoient les Pugils valeureux,
Quand ſur l'arene il leur falloit deſcẽdre.

LXXIII.

Ce qui en nous par l'oreille penetre,
Dans le cerueau coule ſoudainement,
Et ne ſçaurions y pouruoir autrement,
Que tenant cloſe au mal ceſte feneſtre

LXXIIII.   (songe,

Parler beaucoup on ne peut sans men-
Ou pour le moins sans quelque vanité :
Le parler bref conuient a verité,
Et l'autre est propre à la fable & au songe.

LXXV.

Du Memphien la graue contenance,
Lors que sa bouche il serre auec le doigt,
Mieux que Platõ enseigne cõme on doit
Reueremment honorer le silence.

LXXVI.

Comme l'on void à l'ouurir de la porte
D'vn cabinet Royal maint beau tableau,
Mainte antiquaille, & tout ce que de beau
Le Portugais des Indes nous apporte.

LXXVII.

Ainsi desslors que l'homme qui medite,
Et est sçauant commence de s'ouurir,
Vn grand tresor vient à se descouurir,
Thresor caché au puits de Democrite.

LXXVIII.

On dit soudain : voilà qui fut de Grece,
Cecy de Rome, & cela d'vn tel lieu,
Et le dernier est tiré de l'Hebreu :
Mais tout en sõme est remply de sagesse.

LXXIX   (ble moindre,
Noftre heur pour grãd qu'il foit nous fẽ-
Les ceps d'autruy portent plus de raifins:
Mais quant aux maux que fouffrent nos
     voifins   (plaindre.
C'eft moins que rien, ils ont tort de s'en

LXXX.

A l'enuieux nul tourment ie n'ordonne,
Il eft de foy le iuge & le bourreau :
Et ne fut onc de Denis le Taureau
Supplice tel, que celuy qu'il fe donne.

LXXXI.

Pour bien au vif peindre fa calomnie,
Il la faudroit peindre comme on la fent:
Qui par bon-heur d'elle ne fe reffent,
Croire ne peut quelle eft cefte furie.

LXXXII.

Elle ne fait en l'air fa refidence,
Ny fous les eaux, ny au profond des bois:
Sa maifon eft aux oreilles des Roys,
D'où elle braue & fleftrit l'innocence.

LXXXIII.

Quand vne fois ce monftre nous attache
Il fçait fi fort fes cordillons nouër,
Que biẽ qu'on puiffe en fin les defnoüer,
Reftẽt toufiours les marques de l'attache
c ij

LXXXIIII.

Iuge, ne donne en ta cause setence,
Chacun se trompe en son fait aisément,
Nostre interest force le iugement,
Et d'vn costé faict pancher la balance.

LXXXV.

Dessus la loy tes iugemens arreste,
(Et non sur l'hôme) elle est sans affection:
L'hôme au contraire est plein de passion,
L'vn tient de Dieu, l'autre tiét de la beste.

LXXXVI.

Le nombre sainct se iuge par sa preuue,
Toufiours esgal, entier, ou departy:
Le droit aussi, en Atomes party,
Séblable à soy toufiours esgal se treuue.

LXXXVII.

Nouueau Vlysse appréd du long voyage,
A gouuerner Ithaque en equité:
Maint vn a Scylle & Charibde esuité,
Qui heurte au port, & chez soy fait nau-

LXXXVIII.   (frage.

Songe long téps auant que de promettre:
Mais si tu as quelque chose promis,
Quoy que ce soit, & fust-ce aux ennemis,
De l'accomplir en deuoir te faut mettre.

LXXXIX.

La loy sous qui l'estat sa force a prise,
Garde la bien pour grosse qu'elle soit:
Le bon-heur vient d'où on ne s'aperçoit,
Et bien souuent de ce que l'on mesprise.

XC.

Fuy ieune & vieil de Circe le breuuage:
N'escoute aussi des Serenes les chants,
Car enchanté tu courrois par les champs
Plus abruty qu'vne beste sauuage.

XCI.

Vouloir ne faut que chose que l'on puisse
Et ne pouuoir que cela que l'on doit,
Mesurant l'vn & l'autre par le droit,
Sur l'Eternel, moule de la Iustice.

XCII.

Changer à coup de loy & d'ordonnance,
En fait d'estat, est vn poinct dangereux:
Et si Licurge en ce poinct fut heureux,
Il ne faut pas en faire consequence.

XCIII.

Ie hay ces mots de puissance absoluë,
De plein pouuoir, de propre mouuemét,
Aux saincts Decrets ils ont premieremét,
Puis à nos loix la puissance toluë.

XCIIII.

Croire leger, & foudain fe refoudre,
Ne difcerner les amis des flatteurs:
Ieune confeil, & nouueaux feruiteurs,
Ont mis fouuent les hauts eftats en pou-
       (dre.

XCV.

Diffimuler eft vn vice feruile,
Vice fuiuy de la defloyauté,
D'où fourd és cœurs des grãds la cruauté,
Qui aboutit à la guerre ciuile.

XCVI.

Donner beaucoup fied bien à vn grand
       (Prince,
Pourueu qu'il donne à qui l'a merité,
Par proportion, non par efqualité,
Et que ce foit fans fouler fa prouince.

XCVII.

Plus que Sylla c'eft ignorer les lettres,
D'auoir induit les peuples à s'armer:
On trouuera, les voulant defarmer,
Que de fubiets ils font deuenus maiftres.

XCVIII.

Ry fi tu veux vn ris de Democrite,
Puis que le monde eft pure vanité:
Mais quelquesfois touché d'humanité,
Pleure nos maux des larmes d'Heraclite.

XCIX.

A l'estranger sois humain & propice,
Et s'il se plaint, incline à sa raison:
Mais luy donner les biens de la maison,
C'est faire aux tiens & honte & iniustice.

C.

Ie t'apprendray, si tu veux en peu d'heure
Le beau secret du breuuage amoureux:
Ayme les tiens, tu seras aymé d'eux,
Il n'y a point de recepte meilleure.

CI.

Crainte qui vient d'amour & reuerence
Est vn appuy ferme de Royauté:
Mais qui se fait craindre par cruauté,
Luy-mesme craint, & vit en deffiance.

CII.

Qui sçauroit bien que c'est qu'vn diades-
Il choisiroit aussi tost le tombeau,   (me,
Que d'affeubler son chef de ce bandeau:
Car aussi bien il meurt lors à soy-mesme.

CIII.

De iour, de nuict, faire la sentinelle,
Pour le salut d'autruy tousiours veiller,
Pour le public sans nul gré trauailler,
C'est en vn mot ce qu'Empire i'appelle.

CIIII.

Ie ne veis onc prudence auec ieunesse,
Bien commander sans auoir obey,
Estre fort craint, & n'estre point hay,
Estre tyran & mourir de vieillesse.

CV.

Ne voise au bal qui n'aimera la danse,
Ny au banquet qui ne voudra manger,
Ny sur la mer qui craindra le danger,
Ny à la Cour pour dire ce qu'il pense.

CVI.

Du mesdisant la langue venimeuse
Et du flateur les propos emmielez,
Et du mocqueur les brocards enfielez,
Et du malin la poursuitte animeuse.

CVII.

Hayr le vray, se feindre en toutes choses,
Sonder le simple afin de l'attraper:
Brauer le foible, & sur l'absent drapper,
Sont de la Cour les œillets & les roses.

CVIII.

Aduersité, desfaueur & querelle,
Sont trois essais pour sonder son amy,
Tel a ce nom qui ne l'est qu'à demy,
Et ne sçauroit endurer la coupelle.

Ayme

SEIGMEVR DE PYBRAC.

C I X.

Ayme l'eſtat tel que tu le vois eſtre;
S'il eſt royal ayme la royauté,
S'il eſt de peu, ou bien communauté:
Ayme-le auſſi, quand Dieu t'y a fait eſtre.

C X.

Il eſt permis ſouhaiter vn bon Prince;
Mais tel qu'il eſt, il le conuient porter:
Car il vaut mieux vn tyran ſupporter,
Que de troubler la paix & ſa prouince.

C X I.

A ton Seigneur & ton Roy ne te iouë,
Et s'il t'en prie il t'en faut excuſer:
Qui des faueurs des Roys cuide abuſer,
Bien toſt froiſſé, chet au bas de la rouë.

C X L I.

Qui de bas lieu (miracle de fortune)
En vn matin t'es hauſſé ſi auant,
Penſes-tu point que ce n'eſt que du vent,
Qui calmera peut eſtre ſur la brune?

C X I I I.

L'eſtat moyen, eſt l'eſtat plus durable:
On voit des eaux le plat pays noyé,
Et les hauts monts ont le chef foudroyé:
Vn petit tertre eſt ſeur & aggreable.

d

CXIIII.

De peu de biens nature se contente,
Et peu suffit pour viure honnestement :
L'homme ennemy de son contentement
Plus a, & plus pour auoir se tourmente :

CXV.

Quand tu verras que Dieu au ciel retire
A coup à coup les hommes vertueux,
Dis hardiment l'orage impetueux
Viendra bien tost esbranler cest Empire.

CXVI.

Les gés de bien ce sont cóme gros termes
Ou fors piliers, qui seruent d'arcs-boutás
Pour appuyer contre l'effort du temps
Les hauts estats, & les maintenir fermes.

CXVII.

L'homme se plaint de sa trop courte vie,
Et cependant n'employe où il deuroit
Le temps qu'il a, qui suffir' luy pourroit,
Si pour bien viure auoit de viure enuie.

CXVIII.

Tu ne sçaurois d'assez ample salaire
Recompenser celuy qui t'a soigné
En ton enfance & qui t'a enseigné
A bien parler, & sur tout à bien faire.

CXIX.

Es ieux publics, au theatre, à la table,
Cede ta place au vieillard & chenu :
Quand tu seras à son aage venu,
Tu trouueras qui fera le semblable.

CXX.

Cil qui ingrat enuers toy se demonstre,
Va augmentant le loz de ton bien faict :
Le reprocher maint homme ingrat a faict
C'est se payer, que du bien faire monstre.

CXXI.

Boire & manger s'exercer par mesure,
Sont de santé les outils plus certains :
L'excez en l'vn de ces trois aux humains
Haste la mort, & force la nature.

CXXII.

Si quelque fois le meschant te blasonne,
Que t'ē chaut-il ? helas ! c'est ton hōneur
Le blasme prend la force du donneur :
Le loz est bon quãdvn bon nous le dōne.

CXXIII.

Nous meslōs tout, le vray parler se chãge
Souuent le vice est du nom reuestu
De la prochaine opposite vertu :
Le loz est blasme & le basme est loüange,

QVATRAINS, &c.

CXXIIII.

En bonne part ce qu'on dit tu dois prédre
Et l'imparfaict du prochain supporter,
Couurir sa faute & ne la rapporter:
Prompt à louër, & tardif à reprendre.

CXXV.

Cil qui se pense & se dit estre sage,
Tien-le pour fol : & celuy qui sçauant
Se fait nommer, sonde le bien auant,
Tu trouueras que ce n'est que langage.

CXXVI.

Plus on est docte, & plus on se deffie
D'estre sçauant : & l'homme vertueux,
Iamais n'est veu estre presomptueux:
Voilà des fruicts de ma Philosophie.

F I N.

CINQ SONNETS DVDIT
SIEVR DE PYBRAC.

Lucreſſe Romaine.

SOus l'effort mal-heureux de l'impudique force
Mó corps reſta vaincu, & mó eſprit vainqueur:
Le ſang du corps mortel, dont ie nauray mó cœur
Expia le plaiſir de la charnelle amorce.

Ie fis voir aux Romains, que la dame qu'ó force,
(Bien qu'il ſemble qu'entier luy demeure l'hóneur)
Excuſer l'on ne doit ; ſi ſon forcé mal-heur
Eſteindre par ſa mort de ſa main ne s'efforce.

Ainſi donc i'effaçay l'effort qu'on m'auoit faict,
En vengeant de ma main en luy l'autruy forfaict,
Ie me donnay la mort pour preuue d'innocence.

Nulle par mon exemple impudique viura,
Et nulle à ſon honneur honteuſe ſuruiendra:
Qui ſuruit ſon honneur, il a part à l'offence.

Virginie Romaine.

POur ſauuer mon hóneur cótre vn iuge execra-
Qui feignant de douter de ma condition, (ble
Adiugeoit cependant vne prouiſion
Deſſus ma chaſteté, non, iamais reparable.

En la fleur de mes ans mon pere miſerable,
Forcé de mon deſir, & de la paſſion
De mon chaſte vouloir (plein de compaſſion)
M'octroya de ſa main vn mourir honorable.

d iij

Lucreſſe fut rauie, & vierge ie mourus:
Nous auons bien cela de commun toutes deux,
Que nos morts ont changé l'eſtat de la patrie.
Mais la mienne chaſſa hors de Rome dix Rois,
Et la ſienne vn ſeul Roy. Doncques, Rome tu dois
Dix fois plus qu'à Lucreſſe, à moy ta Virginie.

Porcie femme de Brutus.

LVcreſſe non du fait, ains de la coulpe exempte
Se tua de ſa main : Virginie tendit
A ſon pere le col, ſi toſt qu'elle entendit
Du paillard Magiſtrat l'ordonnance meſchante.
De l'amour coniugal la flamme eſtincellante,
Qui viuant mon eſpoux, illuſtre me rendit,
Luy mourut, embraza le charbon qui ardit
Mon cœur demy bruſlé de l'ardeur precedente.
Lucreſſe & Virginie eurent la mort heureuſe :
Mais non pas comme moy qui mourus amoureuſe
Sans qu'on viſt mon honneur aſſailly ny vaincu.
Quelle autre auſſi que moy eut vn Catô pour pere
Vn Brutus pour mary, vn Ceſar aduerſaire;
Et pour champ de l'honneur, vn ſiecle corrompu?

Cornelie Romaine.

CEs deux freres Tribuns, qui par la vehemence
D'vn parler meſuré, & par nombreux eſcrits,
Des plus doctes Romains captiuoient les eſprits,
Et les faiſoient mouuoir au ſon de leur cadence.
Ces deux Gracches fameux, furent en leur enfance
Non du Grec affranchy enſeignant pour le pris,
Ains par moy Cornelie heureuſement appris,
Moy meſme leur ſeruant d'exemple d'eloquence.

Ie fus mere des deux, tous les deux i'eleuay,
Et du laict de Pitho, enfans les abbreuuay,
Verſant ce doux Nectar deſſus leur bouche tendre
Que nous ſert d'enfanter des fils pour les laiſſer
A vn vil mercenaire, afin de les dreſſer ?
Qui enſeigne ſes fils, doublement les engendre.

Dido Royne de Carthage.

COuurir du ſang des miens le Libique riuage,
Embraſer nōs autels & rauir ſans raiſon
La Sicile & Sardaigne à ceux de ma maiſon,
Et rendre iniuſtement tributaire Carthage.
Cela deuoit ſuffire à ta cruelle rage,
Rome, ſans me liurer par mortelle achoiſon,
Sous le miel d'vne fable vne amere poiſon,
Qui fleſtrit à iamais l'honneur de mon veſuage.
Ie ne veis onc chez moy ton fugitif Ænee,
Ma ieuneſſe paſſa ſoubs vn ſainct Hymenee,
Et veſue i'ay veſcu chaſte iuſqu'au tombeau.
TVTELAIRE Iunon, permettras tu que Rome
Pour vn traitre honorer impudique me nomme?
Elle qui d'vne Louue eſt née en vn bord d'eau.
Pardonnez à Dido ſi l'ire la ſurmonte,
Il s'en faut prendre au tort que Rome luy a faict:
La dame à qui ne chaut du blaſme d'vn tel faict,
Meurtriere de l'honneur, fait gloire de ſa honte.

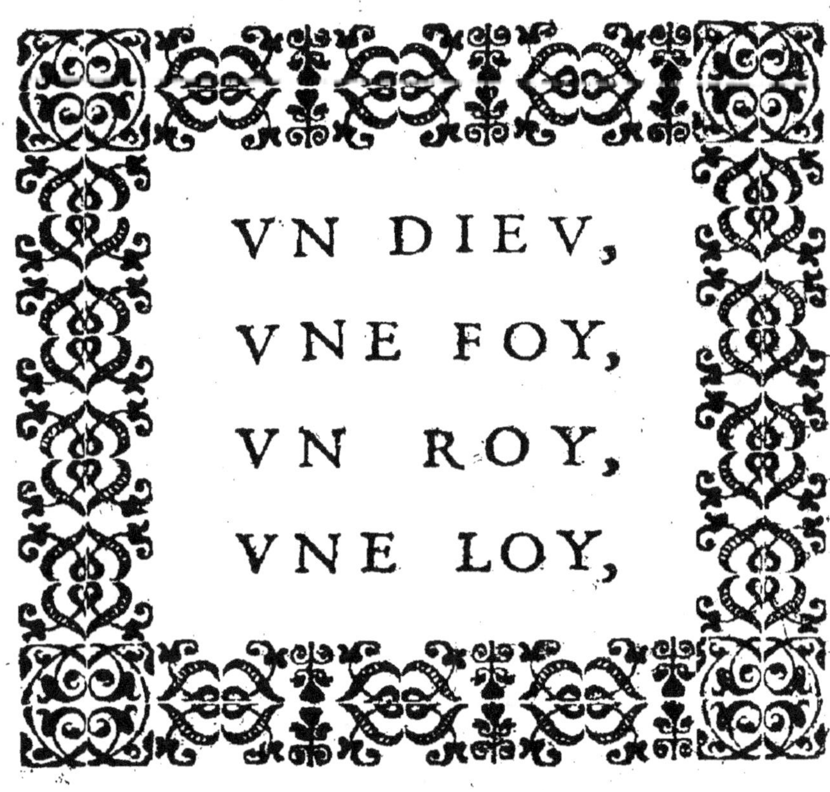
VN DIEV,
VNE FOY,
VN ROY,
VNE LOY,

LES
PLAISIRS
DE LA VIE RVSTI-
QVE, EXTRAICTS D'VN

plus long Poëme composé par
le Seigneur de Pybrac.

Auec vne Ode par Philippes des-Portes,
sur le mesme Plaisir.

A PARIS
Chez Abraham de Meaux ruë de Versaille,
pres la porte sainct Victor.

M. DC. XII

A P. DE RONSARD.

S I ores esloigné de l'importune presse
Du penible barreau des vers par fois i'escris,
I'imite, en ce faisant, les plus rares esprits,
Des vieux peres Romains, & de l'antique Grece.
Ce grand Caton François, encor en sa vieillesse
De la saincte fureur des neuf Muses épris,
Nostre siecle honora par ses nombreux écrits,
Les fideles tesmoins de sa haute sagesse.
Par là ie ne pretens à ces ouuriers parfaicts
M'égaler, ny aux vers Ronsard, que tu as faicts,
Guidant les fils d'Hector sur la Gauloise riue.
S'efforce qui voudra le laurier meriter,
Quant à moy ie n'écris sinon pour euiter
Les trompeuses douceurs d'vne langueur oysiue.

LES PLAISIRS DE LA VIE
Rustique, extraits d'vn plus long Poëme,
composé par le sieur de Pybrac.

IE te saluë aussi, Iardin, le seul plaisir
De mon pere & seigneur, lors qu'il print le
   loisir,
Sur la fin de ses ans, de cultiuer les plantes,
Et peupler les vergers de mille sortes d'entes:
Comme iadis faisoit ce dictateur Romain,
Qui d'honneurs assouuy, labouroit de sa main
Le champ de peu d'arpens, & en maison petite
Refusoit, liberal, les thresors du Samnite.
  O bien-heureux celuy, qui loin des courtisans,
Et des palais dorez pleins de soucis cuisans,
Sous quelque pauure toict, deliure de l'enuie,
Iouyt des doux plaisirs de la rustique vie.
  La trompette au matin ne l'esueille en sursaut,
Pour, hardy des premiers se trouuer à l'assaut:
Ou, guindé sur le mast d'vn vaisseau n'importune,
Par prieres & vœux le courroucé Neptune.
Il ne luy chaut d'auoir la faueur des grands Roys,
Ny les premiers honneurs des ioustes & tournois,
Les couronnes de prix richement estoffees,
Ny les chars entaillez de superbes trophees,
Ou l'immortel laurier qu'à Pise l'on donnoit

LES PLAISIRS

Aux enfans d'Apollo, quand on les couronnoit,
Se contente de peu, cultiue l'heritage,
Que sans fraude est escheu au lot de son partage:
Les bornes de son champ ne voudroit auancer,
Ny prendre sur l'autruy sans le recompenser:
Simple & droit en son cœur deteste la malice,
Et sans auoir procés honore la Iustice.
Hors de crainte & danger, au long des clairs ruis-
    seaux
Eslague de sa main les touffus arbrisseaux,
Dresse dans son verger les petites allees,
Meine paistre les bœufs sur le soir aux vallees,
Au matin les conduit sur les terres bossus,
Et au plus chaud du iour dans les antres moussus:
Pour sentinelle il a vn chien qui tousiours gronde,
Et autour du troupeau nuict & iour fait la ronde.
  Quelques fois se haussant, d'vn long bras estédu,
Va cueillir le certeau, ou bien le capendu,
La noix sur le chemin par son ayeul plantee,
Ou la grosse griotte en escusson entee.
Par fois aussi couché au pied des saules verds,
Sur leur escorce tendre escrit deux ou trois vers,
De ceux que Lyonnet auec sa chalemie
Entonnoit doucement pour Lyse son amie:
Lyse dont la beauté entre les filles luit,
Comme la lune au plein sur les feux de la nuict:
Lyse l'hóneur des cháps, des Nymphes l'outrepasse
Des Muses la dixiesme & la quatriesme Grace.
Ou de ceux que Perot d'vn style douloureux
Composa lors qu'il fut de Toynon amoureux:
Toynon qui desdaignoit les vers & leur cadance,
Et n'aimoit que les dons & l'or en abondance.

Bref, en l'homme des cháps on ne ſçauroit choiſir
Vn iour, heure, ou moment, ſans honneſte plaiſir:
Car les plaiſirs paſſez touſiours nouueaux retour-
    nent,
Selon que les ſaiſons dans leur cercle ſe tournent.
Muſe tu le ſçais bien, dy moy donc la raiſon
Des plaiſirs qu'il reçoit en chacune ſaiſon.
    Quand le Taureau du ciel le beau Printemps deſ-
    couure:
Et le ſein de la terre auec ſes cornes ouure,
Pour déclorre des fleurs l'eſcadron eſmaillé,
Et que ia dans les eaux le poiſſon eſcaillé
Commence de frayer : & la Iument d'Eſpagne
Sous vn eſtrange Hymen de Zephir s'accompagne,
Et conçoit de ce vent le cheual qui retient
La viteſſe en courant du pere dont il vient:
Adonc l'homme des champs (car l'herbe deſia nee)
Iuge peu pres, peu moins, quelle ſera l'annee:
Car le verd brun du bled, qui d'vn eſclat obſcur
Drille dedans les yeux, luy donne vn eſpoir ſeur,
Que de gerbe & de grain il comblera ſes granges,
Et du bourgeon naiſſant fait eſtat des vendanges:
Les Roſſignols tandis degoiſent leurs fredons,
Les Agnelets beſlans foulans à petits bons
L'herbette dans les prez: la Geniſſe lamente
Du Taureau deſdaigneux l'amour qui la tourméte:
Es eſpineux halliers ſeule ſe va renger,
S'eſcarte du troupeau, des prez & des ſaulcees,
Et mugit au plus creux des profondes valees,
Portant le traict au flanc du Taureau indompté,
Qui plus ſe voit requis, moins a de volonté.
    Mais, ô Dieu, quel plaiſir des Mouches meſnage-
    res,   e iij

Appaiſer promptement les choleres legeres
Par le ſon d'vn baſſin, quand deux Rois ennemis
En bataille ſe font auec leurs troupes mis,
Pour departir les fleurs du prochain heritage,
Ou venger des Frelons & des Guelpes l'outrage.
   Las ! petits animaux en vous chacun peut voir
Des Rois & des ſubiects le naturel deuoir.
Voſtre police auſſi quand bien on la contemple,
Au legitime Roy ſert de moule & d'exemple.
Iadis le Mantuan d'vn ſtyle doucereux
Sur le Mince chanta de voſtre eſtat heureux
Les Edicts & les loix, la force, la iuſtice,
De la cire & du miel l'ordinaire exercice:
Et tout ce que l'on peut en voſtre eſtat vanter,
Ie ne ſuis ſi hardy apres luy vous chanter.
Il faudroit que le miel, qui des ruches diſtille
D'Hymette comme à luy, euſt adoucy mon ſtile.
Ce clos ſoit reſerué à Ronſard Vandoſmois,
Qui peut quand il luy plaiſt, égaler de ſa voix
Les accords plus hautains de Virgile & d'Homere,
Et les fredons mignards qu'à Thebes on reuere.
   Sans doncques plus auant du propos m'égarer,
Ie dis que lors qu'on void les champs ſe bigarrer
De boutons & de fleurs, adonc l'homme chãpeſtre
Reçoit mille plaiſirs: ſoit qu'il regarde paiſtre
Ses vaches & ſes bœufs, & le troupeau menu:
Ou qu'il voiſe nombrer quand le ſoir eſt venu
Les agnelets au parc, pour en ſçauoir le compte,
Et du beurre vendu, & à quoy le laict monte:
Ou ſoit qu'au poinct du iour d'vn boutõ nouuelet
De quelque franc roſier il face vn chapelet
Aux Faunes citoyens de la foreſt voiſine,

Ou à la terre mere, honorant sa gesine.

Mais en l'autre saison que le champ verdissant
A de l'or emprunté le beau teinct iaunissant,
Et que proche de nous le Soleil nous regarde,
Et par l'œil du Lion ses chauds rayons nous darde:
Adonc sur le matin quand il entend passer
Ses voisins qui s'en vont la iauelle amasser
Dedans le champ coupé, au lict point ne s'amuse:
Ains d'vn saut se leuant sa paresse il accuse:
Esueille Marion, qui ronflant reposoit,
Et voudroit bien encore dormir si elle osoit:
Il la haste d'aller, elle en fin prend courage,
Et d'vn desir egal se met à son ouurage.

Se coiffe promptement, ne luy chaut se parer,
Ne par art des laideurs de son corps reparer:
L'arsenic calciné, le Tale & la Ceruse,
Et ce dont l'Espagnol en ses pomades vse,
Que les dames d'icy ont si bien retenu,
Pour desguiser leur teinct & leur poil ia chenu,
Est par elle ignoré: & ne voudroit pas estre
Que telle qu'il a pleu à Dieu la faire naistre:
Frisoter ses cheueux en mille tortillons,
De son front labouré aplanir les sillons,
Rehausser ses tetins, & ses mains tauelees
Les faire deuenir blanches & potelees,
N'a cure ne soucy: ny de bien deuiser,
Ny de lire Amadis, ou de Petrarquiser.
Des humides baisers ne sçait les mignardises,
Ny des muguets transis les ruzes & feintises.

Au poinct du iour s'en va dans son iardin cueillir
Des choux ou des porreaux pour les mettre bouil-
lir.

Apres dans son mortier vn peu de saffran broye,
Et tire du charnier vn petit morceau d'oye,
Iette tout dans le pot, qu'elle met dans le feu:
Du vent de son poulmon allumant peu à peu
Les buchettes qu'elle a és taillis amassees,
Et pour mieux les porter, en faisceaux entassees.
  Mais auant que vouloir couper de son couteau
Le pain desia rassis, ou le tendre tourteau,
Ioignant ses noires mains à deux genoux se iette,
Fait sa priere à Dieu que point ne la reiette,
Car du pauure affligé la clameur il entend,
Luy donne ce qu'il faut, & mieux qu'il ne pretend,
D'vn espoir asseuré humblement luy demande,
Non ia que son mary deuenu Roy, commande,
Au More basanné, au Perse, & au Celon,
Au Cantabre indompté, ou au Scythe felon,
Et que Monarque seul presse sous sa couronne
Tout ce que l'Ocean de ses bras enuironne:
Mais bien que sa bonté daigne en toute saison,
En douce paix tenir sa petite maison:
Qu'il luy plaise escarter hors de la fantasie
D'elle & de son mary la folle ialousie:
Que leurs enfans communs les tauernes hantes
Ne vueillent, ne iamais les truans frequenter:
Que la fille qui ia preste à mary se montre,
Auec vn petit dot, par heureuse rencontre,
En honneste maison ils puissent heberger,
Chez quelque laboureur, ou chez vn bon berger:
Que l'vsurier meschant, qui dés long téps aguigne,
Et huma de ses yeux le closeau de leur vigne,
En ses papiers iournaux ne les puisse acrocher:
Ne de leur pauure toict le gendarme approcher,

O h le

Où le soldat larron, qui pille & qui saccage
Iusques au moindre outil seruant au labourage :
Et oze bien souuent en plein iour s'efforcer
De meurtrir le mary pour la femme forcer.
Ayant ainsi prié, de deux mains elle couppe
Des tranches de pain bis, pour en faire la souppe,
Y meslant quelque peu d'vn fromage moisi,
Qu'entre plusieurs elle a dans la paille choisi,
Propre pour au brouët donner saueur & pointe,
Et pour renouueller la soif desia esteinte.

Puis prend le pot en main, le rinsse de claire eau,
Par vn degré tremblant deuale en son caueau,
D'vn muy presque failly, qui à peine degoutte,
En fin son petit pot elle emplit goutte à goutte :
Hastiue s'en reua là haut, où sur vn aiz
De ce sobre disner dresse l'vnique mets,
Le charge sur son chef, & courant d'alegresse,
Va trouuer son mary que la faim desia presse :
Car depuis le matin qu'à l'œuure il s'est rangé,
Sans cesser trauaillant, il n'a beu ny mangé.

Tous deux au coing du champ se couchent des-
 sus l'herbe,   (be:
Et pour table & buffet n'ont qu'vn faisseau de ger-
Là mangent gayement leur potage & leur chair,
Et boiuent à l'enuy sans rien se reprocher.

Le Mercure broyé, & la froide Cicuë,
Et l'Aconique noir, qui plus promptement tuë,
Et les gouttes de l'eau de ce lac bitumeux,
Et le sang distillé d'vn Toreau escumeux,
Et le present que fit Dejanire à Hercule,
Et le veratre prins dessous la Canicule,
Et ce sang caillotté, qui pend dessus le front

Du poulain frais naiſſant, dont les maraſtres font
Les Philtres veneneux pour attacher la rage
Des amoureux boüillons en vn chaſte courage :
En ſomme & Canidie , & Medee, & leur art,
Et tout ce qu'à depuis inuenté le Lombard ,
Et du fin Calabrois l'auariçe & l'enuie:
Pour abreger les iours trop cours de noſtre vie,
N'a oncques de ceux-cy le courage eſmayé,
Et mangeant & beuuant l'vn ou l'autre effrayé:
Car bien que deſireux ils ſoiét tous deux de viure,
Ils ne voudroient pourtant l'vn à l'autre ſuruiure,
Ayant donc ainſi pris enſemble leur repas,
La femme s'en reua au logis pas à pas,
Et laiſſe le mary, qui courbé teſte nuë,
Affeublé ſeulement du Ciel & de la nuë,
La faucille en la main ne ceſſe de couper,
Le bled iuſques à tant qu'il faille aller ſouper.
Phœbus eſt lors couché,& deſia la nuict ſombre,
Tout ce que noſtre œil void embrunir de ſon om-
Les hurlemés des loups deſia de toutes parts, (bre
Effrayent les moutons au milieu de leurs parcs;
Les maſtins courageux abboyans leurs reſpõdent?
Et rodãs les troupeaux,entre eux-meſmes ſe gron-
    dent.
  On n'y void du tout rien : car le ciel eſtoilé,
D'vn orage eſpaiſſi de tous coſtez voilé,
De ſes menus flambeaux la lumiere refuſe,
Et pres de ſon amy qui dort,Phebé s'amuſe.
Il n'en chaut à Colin, car ſans ſe fouruoyer
Il iroit à clos yeux iuſques dans ſon foyer.
Du champ à l'heure il part, ſes outils il emporte,
Et trouue Marion qui l'attend ſur la porte?

Se mettent à soupprer d'vn appetit pareil.
Mais apres le repas, pour tromper le sommeil,
Content dés téps heureux de leur chaste hymenée
Ou deuisent des grains qu'ils auront ceste annee,
Ou des ceps se courbans au poix de leurs raisins,
Sans detracter iamais de l'honneur desvoisins,
Le mary plus lassé le premier se despouïlle,
Elle chiche du temps, met aux flanc sa quenouïlle,
Et remoüillans ses doigts acheue son fuseau,
Ou deuide au rouët vn entier escheueau.
Puis apres sans nul bruit, pres son mary se couche
Desrobant doucement vn baiser de sa bouche ?
Le reste par honneur ie ne veux publier,
A dire que la nuict leurs amoureuses flammes
Esgalent bien souuent les faueurs des gráds dames
Mais ie ne puis aussi bonnement oublier,
Si leur lict estoffez ne sont si richement.
Pour le moins on n'y gróde, on n'y iure, n'y ment,
Si elles n'ont l'attraict de tant de mignardises,
Leurs cœurs aussi ne sont plains de tant de feintises
Si de musc parfumé ou d'ambre n'est leur sein,
Pour le moins on se peut asseurer qu'il est sain,
Et qu'au partir de là on ne prend medecine,
Et le breuuage faict de gajac ou d'esquine.
On dit que Chasteté en tons lieux habitoit,
Et les villes & bourgs sans nul choix frequentoit.
Iadis ésiours premiers de la saison dorée,
Quand la terre de soy sans estre labouree,
Plantureuse donnoit en tout temps aux humains
Toute sorte de fleurs, & de fruiéts, & de grains
Les pins sur les hauts monts pendoiét par la racine,
Et voisinaus le Ciel desdagnoient la marine :

Les Loups, & les Lyons, & les Tygres legers,
Compagnons desmoutons, caressoient les bergers
Aussi l'homme n'auoit adonc son ame attainte,
De vice & de peché, de douleur & de crainte:
L'homicide metail encores non fouillé
N'auoit du sang humain la campagne souillé
Mais deslors que Saturne, au hazard de sa vie,
De la Crete fuyant surgit en Italie,
Et illec se mussa pour la rage euiter,
De l'aisné de ses fils, qu'on nommoit Iupiter :
Adonc l'impieté, la fraude, la malice,
Et tout ce que l'on peut nommer du nom de vice,
Coula furtiuement en l'esprit des mortels,
Et deslors aux dieux faux on dressa des autels.

La chasteté quittant adonc ceste contrée,
S'enuoloit d'ans le Ciel auec la vierge Astrée,
Sans le dueil esploré, & les souspirs trenchans
Des hômes qui pour lors habitoient dans les châps
Auec eux s'arresta, & encor à ceste heure,
Hors des grandes citez, fait aux châps sa demeure.
Mais sa femme & Colin pourroient bien sômeiller
Vn peu trop longuement, il les faut esueiller.
Or sus donc leuez-vous, chacun de vous s'appreste
Vous oubliez qu'il est auiourd'huy vostre feste,
Que vous auez prié à disner vos amis,
Qui ja pour n'y faillir en chemin se sont mis.

Marion s'esueillant du lict premiere saute,
Et au Soleil ja haut s'apperçoit de sa faute :
Toutesfois elle espere en peu d'heure auancer,
Si bien que son mary n'aura dequoy tancer.
Met deux busches au feu, le feu soudain s'allume :
Son oyson esgorgé à l'instant elle plume,

Le trempe dans l'eau chaude? & du bout d'vn cou-
Arrache le duuet qui tiét contre la peau: (fteau,
Luy croife les deux pieds,& puis foudain l'euentre
Et d'vn fars bien menu luy fait vn autre ventre.
Tandis en groumelant le cochon de laiét court
Apres fa mere truye és paftis de la court ?
Elle le prend, le tuë, & le pelle & l'embroche,
Et le faiét compagnon de l'oyfon en la broche,
De ces meurtres fanglans le chapon effrayé,
Se fauuer fur le toiét en vain s'eft effayé :
Car Colin d'vn bafton l'affene fur la tefte?
Il tombe mort du tout, & foudain on l'aprefte.
Ne voylà pas dequoy fes amis feftoyer,
Sans qu'il faille au marché de la ville enuoyer
Le difner eftoit preft, la nappe defia mife,
Quand Colin tout à coup bien fage fe r'auife,
Qu'il ne faut ja paffer, quelque affaire qui preffe,
Le matin d'vn tel iour fans auoir ouy Meffe,
Pour doncques n'y faillir, va tirer viftement
Du coin de fon eftable vn cheual, ou iument:
Le bride, & fait feruir fon paletot de houffe,
Monte leger deffus,& prend fa femme en trouffe;
Le cheual tallonné commence à galoper,
Sans faire vn feul faux pas,& fans iamais choper :
Toutesfois Marion fait femblant de ce craindre,
Pour embraffer Colin,& plus ferme l'eftraindre.
    A bonne heure arriuez chacun d'eux fe depart,
Le mary d'vn cofté, la femme en autre part:
Ils oyent attentifs ce qu'au prone l'on mande,
Et chacun à fon tour va porter fon offrande,
Es myfteres de foy, captiuans leur raifon,
En toute humilité font à Dieu l'Oraifon

f iij

Que luy-mesmes a daigné par son fils nous aprédré
Pour nos necessitez en peu de mots comprendre :
Le seruice acheué, s'en reuont vistement
D'où ils estoient partis, montez comme deuant.
  Des amis conuiez la bande ja venuë
Fait du petit logis cependant la reueuë :
Mesure à pas contez le verger escarré,
Et s'esbahit de voir encores bigarré
De fleurs le jardinet, veu l'ardeur violente,
Et du celeste ciel la flamme estincelante.
Mais Colin, du paruis s'escriant dit ainsi,
Mes amis vous soyez les bien venus icy ?
Il me desplaist par trop vous auoir fait attendré,
Nostre Curé est long, il s'en faut à luy prendre.
Ioinct qu'il a bien voulu ce iourd'huy faire voir,
Que s'il vouloit prescher, il en a le sçauoir :
C'est messire René, qu'à grand tort on soupçonne
De ce que vous sçauez : il est bonne personne.
Or sus encor vn coup, vous soyez bien venus,
Et Marion & moy vous sommes trop tenus,
D'auoir daigné venir vn mauuais disner prendre
En ce pauure cazot, & encor l'attendre.
  Lauons, & nous seons, le cochon se morfond,
Ne faisons entre nous comme nos femmes font,
Qui permettent souuent la nuict qu'on les conuie
De ce dont elles ont en leur cœur bonne enuie,
Voilà comme Colin ses hostes semonnoit,
Et la place & le rang à chacun d'eux donnoit.
  A la peau du cochon la brigade s'empongne,
Et ja tout despoüillé il fait piteuse trongne :
Quand Colin, qui ne peut de causer se tenir,
Ie voudrois mes amis (dit-il) me souuenir,

DE LA VIE RVSTIQVE.

Du moyé que l'autre hier on côtoit par merueilles
Pour faire reuenir aux cochons les oreilles
Et la peau quand ils sont du tout mis en pourpoint
Croyez que maintenant vous n'ē chômeriez point
Mais attendant que i'aye eschauffé ma memoire,
Ie m'en vay de bon cœur vous deffier à boire.
Quoy? il semble desia que le cœur vous defaut,
Quand vous oyez Colin qui hardy vous assaut.
Le disner se passa à causer & à rire,
Hormis que sur la fin Michau se print à dire :
Michau qui de bien loing l'aduenir cognoissoit,
Et tout ce dont le Ciel la France menaçoit :
Michau l'oracle vray de toute la contrée,
Qui des mal-heurs du temps ayant son ame outrée
Par vn profond souspir entama ce propos:
    Ne verrons-nous iamais ce païs en repos,
Mes amis? ce dit il: helas! qu'est deuenüe
De nos premiers ayeuls la prudence cogneüe?
Faut-il que nous soyons encores en danger
De voir nos champs couuerts du soldat estranger?
Douze ans y a & plus, que par nostre folie
Nous sommes le ioüet d'Espagne & d'Italie,
Et le butin certain du Reistre empistolé,
Qui non encore saoul des biens qu'il a volé,
A peine en sa maison ses chariots il descharge,
Qu'il s'appreste à venir faire nouuelle charge.
Va Colin, prouigner tes vignes maintenant,
Pour mal-gré toy seruir d'enyurer l'Alemand:
Sois soigneux du troupeau, & du labeur châpestre,
Tes moutons & guerets chāgeront bien de maistre:
Car Dieu est contre nous iustement irrité,
Et pis que nous n'aurons, nous auons merité.

Ainſi diſoit Michau d'vne voix eſlancée,
Deſcouurant le ſecret de ſa triſte penſée,
Lors proche de ſa fin : car peu de iours apres,
Laiſſant à ſes amis les larmes & regrets,
En vn mortel effroy des cinquieſmes orages
Profondément graué en l'eſprit des plus ſages,
S'enuola dans le Ciel : où maintenant heureux
A ſon gré ſe repaiſt de l'object amoureux
De ce Pere benin, qui l'ame raſſaſie,
Et eſt ſon vray Nectar, & ſa ſeule Ambroſie.

   Ces vers ie compoſois au lieu de ma naiſſance,
Plein d'honneſte loiſir, lors que Henry de France
Fils & frere de Roy, & l'honneur des Valois,
De cent canons battoit les murs des Rochelois:
Et euſſe pourſuiuy les biens du labourage,
Mais la mort de mon fils m'en oſte le courage,
Et trouble tellement de douleur mon eſprit,
Que i'en laiſſe imparfaict pour iamais cet eſcrit.

O D E

ODE DE PHILIPPES DES
Portes, *sur le plaisir de la vie*
Rustique.

Bien-heureux qui peut passer sa vie
Entre les siens, frac de haine & d'enuie
Parmy les champs, les forests & les bois
Loing du tumulte & du bruit populaire
Et qui ne vend sa liberté pour plaire
Aux voluptez des Princes & des Roys.

Il n'a soucy d'vne chose incertaine,
Il ne se plaist d'vne esperance vaine,
Vne faueur ne le va deceuant :
De cent fureurs il n'a l'ame embrasee,
Et ne maudit sa ieunesse abusée,
Quand il ne trouue à la fin que du vent.

Il ne fremit quand la mer couroucée
Enfle ses flots, contrairement poussée
Des vents esmeuz soufflant horriblement,
Et quand la nuict à son ayse il sommeille
Vne trompette en sursaut ne l'esueille
Pour l'enuoyer du lict au monument.

L'ambition son courage n'attise,
D'vn fard trompeur son ame il ne desguise,
Il ne se plaist à violer sa foy,
Les grands Seigneurs sans cesse n'importune :
Mais en viuant content de sa fortune,
Il est sa Cour, sa faueur & son Roy.

Sa volonté serue n'est point contrainte,
Il est tout franc d'esperance & de crainte,

g

ODE.

Bourreaux cruels des tristes courtisans :
Car la frayeur, l'ame & le cœur leur gele,
Et l'espoir vain si fort les enforcele,
Qu'ils ne font cas de voir perdre leurs ans.

Ie vous rends grace, ô Deïtez sacrées,
Des monts, des eaux, des forests & des prées,
Qui me priuez des pensers soucieux,
Et qui rendez ma volonté contente,
Chassant bien loing la miserable attente,
Et les desirs des cœurs ambitieux.

Dedans mes champs ma pensee est enclose,
Si mon corps dort mon esprit se repose,
Vn soin cruel ne le va deuorant :
Au plus matin la fraischeur me soulage,
S'il fait trop chaud, ie me mets à l'ombrage,
Et s'il faict froid, ie m'échauffe en courant

Si ie ne loges en ces maisons dorées,
Si ie ne voy ces voûtes peinturées,
D'azur, d'esmail, & de mille couleurs :
Mon œil se plaist des thresors de la plaine :
Riche d'œillets, de lys, de marjolaine,
Et du beau teint des printanieres fleurs.

Dans les Palais, enflez de vaine pompe,
L'ambition, la faueur qui nous trompe,
Et les soucis loge communement :
Dedans nos champs se retirent les Fées,
(Roynes des bois) à tresses descoiffées,
Les jeux, l'amour, & le contentement.

Ainsi viuant, rien n'est qui ne m'aggrée,
I'oy des oyseaux la musique sacree,

Quand au matin ils beniſſent les Cieux :
Et le doux ſon des bruyantes fontaines,
Qui vont coulant de ces roches hautaines,
Pour arrouſer nos prez delicieux.
  Que de plaiſir de voir deux Colombelles,
Bec contre bec, entremouſſant les aiſles,
Mille baiſers ſe donner tour à tour :
Puis tout rauy de leur grace naifue,
Dormir aupres d'vne ſource d'eau viue,
Dont le doux bruit ſemble parler d'amour.
  Que de plaiſir, de voir ſous la nuict brune,
Quand le Soleil a fait place à la Lune,
Au fonds des bois les Nymphes s'aſſembler:
Monſtrer au vent leur gorge deſcouuerte,
Dancer, ſauter, ſe donner cotte-verte,
Et ſouz leurs pas tout l'herbage trembler.
  Le bail finy, ie dreſſe en haut la veuë,
Pour voir le teint de la Lune cornue,
Claire, argentée, & me mets à penſer
Au ſort heureux du paſteur de Latmie,
Lors ie ſouhaite vne auſſi belle amie,
Mais ie voudrois en veillant l'embraſſer.
  Ainſi la nuict ie contente mon ame,
Puis quand Phœbus de ſes rets nous enflamme,
I'eſſaye encor mille autres jeux nouueaux ?
Diuerſement mes plaiſirs i'entre-laſſe,
Ores ie peſche, or' ie vay à la chaſſe
Et or' ie dreſſe embuſcade aux oyſeaux.
  Ie fais l'amour, mais c'eſt de telle ſorte,
Que ſeulement du plaiſir i'en r'apporte,

ODE.

N'engageant point ma chere liberté,
Et quelques lacs que ce dieu puisse faire
Pour m'attrapper quand ie m'en veux distraire,
I'ay le pouuoir comme la volonté.
  Douces brebis & fidelles compagnes,
Hayes, buyssons, forests, prez & montagnes,
Soyez tesmoins de mon contentement :
Et vous (ô Dieux) faictes, ie vous supplie,
Que cependant que durera ma vie,
Ie ne cognoisse vn autre changement.

F I N.

LES PLAISIRS DV
GENTIL-HOMME
CHAMPESTRE.

Trois fois heureuſe Nobleſſe,
Qui meſpriſant les grands honneurs,
Par la vertu qui nous adreſſe,
Auez cogneu quelle detreſſe
Se trouue à la Cour des ſeigneurs.

Qui ne portant iamais enuie
Sur vne autre condition,
Libres n'auez point aſſeruie
La franchiſe de voſtre vie
Aux griffes de l'ambition.

Heureux celuy qui moins d'affaires,
Comme les gens du temps paſſé,
Auecques ſes bœufs ordinaires
Laboure les champs, que ſes peres
En propre luy ont delaiſſé.

De qui la Nobleſſe cogneuë
Ne vint iamais en queſtion,
Mais de longue main eſt tenuë,
Comme ſi elle eſtoit venuë
D'vn des enfans de Francion.

De qui la maiſon eſt baſtie
Sans grande ſomptuoſité,

g iij

De peu de logis aſſortie,
Belle entrée, belle ſortie,
Auec toute commodité.

De qui la terre bien bornée
Se ioint au clos de la maiſon,
De prez & garenne entournée,
D'vn bois & d'vn eſtang ornée,
Et d'vne fuye en la cloiſon.

Qui n'a point en ſon voiſinage
Vn Prince ny vn grand ſeigneur:
Mais ſeul commande en ſon vilage,
Sans s'obliger à dauantage,
Qu'à viure ſelon ſon humeur.

Qui n'eſtant embrouillé d'vſure,
Ny de rentes à prix d'argent,
Sa depenſe à ſon bien meſure,
Et ſans faire à perſonne iniure,
Ne craint Notaire ny Sergent.

Qui en vn temps bien pacifique
Ne voit plus fort que luy chez ſoy,
Mais ſans querelle domeſtique
Sur la petite republique
Commande comme vn petit Roy.

Qui n'oit plus ſonner la diane
D'vn trompette ny d'vn tambour:
Mais pluſtoſt au braire d'vn aſne,
Au chant d'vn coq ou d'vne cane,
S'eſueille dés le poinct du iour.

Qui n'eſt point homme d'ordonnance,
De monſtre, ny de arriereban,

Mais en sa sale a pour defence,
L'espieu, le harnois, & la lance,
Et l'arquebuze de Milan.

Qui pourtant a veu de la guerre,
Pour en parler en deuisant;
Sans plus vouloir vendre sa terre
Pour mille inimitiez acquerre
Aux troubles ciuils d'apresent.

Qui n'espouse point de querelle,
Si le droit n'y est apparent;
Mais ne craint de monter en selle,
Quand l'occasion l'y appelle,
Pour son amy, ou son parent.

Qui a trois cheuaux en l'estable,
Six chiens courans, & deux leuriers,
Six espagneux, & pour la table,
L'autour ou le Lanier traictable,
Sans Faucons & sans Espreuiers.

Qui a le Furet & la Poche,
Et les panneaux tant seulement;
Pour ayder à fournir la broche
Quand vne compagnie approche,
Sans en vser iournellement.

Quelquesfois il va voir sa vigne,
Et la fait clorre de halliers,
D'aubespins plantez à ligne,
Où se pourmenant il aguine
Le labeur de ses iournaliers.

Quelquesfois le long d'vn riuage
Il voit conduire son troupeau :

Voit ses vaches en pasturage,
L'vne bonne pour le laitage,
L'autre meilleure à porter veau.

Maintenant tout seul il visite
Ses champs de semence couuerts,
Qui ont dessus le dos escrite
Vne esperance non petite
Pareilles aux fleurs des arbres verds.

Et s'il voit quelque herbe maligne
La bonne plante surmonter,
Il l'arrache dés la racine,
Ou couppe la torte houssine,
Qui boit le suc sans rien porter.

Puis curieux du jardinage,
S'il a veu de bon fruict ailleurs
Il met d'vn genereux courage
Luy mesme la main à l'ouurage?
Pour enter des greffes meilleurs.

Et en la saison de Caresme,
Aux iours de ieusne & de pardon,
Pescher en son estang il ayme,
Et se plaist à tirer luy-mesme
La vache ou le hausse vredon.

Maintenant il se vient estendre
Sous vn vieil chesne dans les bois,
Couché dessus l'herbette tendre,
En vn lieu d'où il puisse entendre
Des oyseaux la plaintiue voix.

Tantost sur la belle verdure
Les fleurs du bois il va foulant

Apres

GENTIL-HOMME CHAMP.

Aupres d'vne fontaine pure,
Pour s'endormir au doux murmure
D'vn ruiſſeau lentement coulant.

Et ſi par fortune il rencontre
La bergere vn peu à l'eſcart,
Le jeu d'amourrette il luy monſtre,
Ou ſe contente de la monſtre,
S'il n'y peut auoir plus grand part.

Pour elle ſon cœur ne s'allume
De flamme ny de feu mortel,
Comme ces fols ont de couſtume,
A qui la teſte ſert d'enclume,
Et l'enfant Amour de martel.

Mais auſſi toſt que les fleurettes
Tombent à la chaleur du ciel,
Il met en des cruches bien nettes
Le doux ouurage des auettes,
Separant la cire du miel.

Et lors que le Soleil deſſerre
Ses rayons pour la venaiſon,
Les foings en ſes greniers il ſerre,
Les lins il arrache de terre,
Pour meſnager à la maiſon.

Puis voicy les belles meſtiues,
Dont le profit & la valeur
Rend les familles attentiues,
S'offrant aux peines exceſſiues
Du trauail & de la chaleur

Ce n'eſt rien qui ne voit le maiſtre,
Quelques fois au plus fort du chaut

Au milieu des champs apparoiſtre,
Et tous ſes ouuriers recognoiſtre,
Et pour voir à ce qui defaut.

 Sa preſence ſert de conduite
A la trouppe de ſes ſcieurs,
Courbez d'vne longue entre-ſuitte,
Qui ont la face toute cuite,
Et le front baigné de ſueurs.

 Il faict appreſter de bonne heure
Les liens, le crible, le fleau:
De ſa grace il oſte l'ordure;
Et battant le grain, il meſure,
Combien de gerbe au boyſſeau.

 Et tandis que chacun trauaille,
Il ne laiſſe pas quelquesfois
De prendre en iouant vne caille,
Le perdreau de bonne maille,
Ou de boire à l'ombre d'vn bois.

 Mais quand l'Automne vient eſtendre
Mille fruits de ſon large ſein:
O quel plaiſir il a de prendre
La pomme rouge que vient rendre
Vn bel ente fait de ſa main.

 Et ceſte grappe ſouueraine,
Digne preſent de l'Immortel,
Pour en faire à la Magdelaine
Vne deuotieuſe eſtreine
Au plus beau lieu du grand autel.

 O que les tonneaux il arrange,
Et ſa futaille de bon cœur,

Pour y receuoir la vendange
Et voir le gracieux eschange,
Du fruict noir en rouge couleur.

  O quel plaisir quand il entonne
Ce breuuage desia fumeux,
Et qu'en vn mois il emprisonne
Ce dieu furieux qui bouillonne
D'vn flot & reflot escumeux.

  Que s'il a chez luy de fortune
(Chose rare pour le iourd'huy)
Vne femme non importune,
Qui de ceste charge commune
Reçoiue sa part comme luy.

  Telle que celle du vieil aage
Dont les maris bons aux charrois,
Retournans de leur labourage
Engendroient d'vn masle courage
Des Capitaines & des Rois.

  Heureux si venant de la chasse
Ou d'ailleurs, il trouue tout prest
Son souper cuit de bonne grace,
Auec vne riante face,
Qui plus que les viures luy plaist.

  Tout le seruice de sa table
Aux rotisseurs est incogneu:
Mais qui le rend plus delectable
De sa cour, ou de son estable
Ou de sa chasse il est venu.

  Sa mesnagere alors regarde
D'auoir du fruict du long de l'an:

h ij

Et pour luy de bonne heure garde,
Ceux qui font de meilleure garde
Du bon Chreftien & du milan.

Mais quand les pluyes & la glace
Ramenant la froide faifon,
Pour n'eftre oyfif en vne place,
Il va s'efchauffer à la chaffe
Du loup ou de la venaifon.

Et pour le plaifir il affemble
Ses meilleurs voifins d'alentour,
Qui amaffent leur meute enfemble
Et comme bon à chacun femble
Se vont vifiter tour à tour.

Quelquesfois auec l'arquebufe
Il va deffus l'eau giboyer,
Et dés le matin s'y amufe:
Or fon plomb, & fa poudre il vfe
Bien fouuent fans aucun loyer.

Ou va voir fes gens en befogne,
L'vn qui fend du bois pour bufcher;
Et prend plaifir de voir la trongne
De l'autre, qui fes yeux renfrongne
Pour faire vn chefne trefbucher.

Quelquesfois de tout foing deliure
D'vn plus chaut habit reueftu,
Il lit dedans quelque bon liure,
Qui montre comme il faut enfuiure
Le beau chemin de la vertu.

Au foir auec fa femme il caufe,
Tous deux prés du feu fe chauffans,

De quelque plus priue chofe,
Où en deuifant il difpofe
Du partage de fes enfans.

    Et s'il vient quelque fefte grande
De fa paroiffe, ou de fon nom,
Ses parens & voifins il mande,
Qui viennent en ioyeufe bande
Celebrer ce iour de renon.

    Pour eux à la ville il n'enuoye
Chercher du plus exquis gibier,
Mais priuément il les feftoye
D'vn cochon, d'vn chapon, d'vne oye,
Et des pigeons du coulombier.

    Du feul reuenu de fa chaffe,
Il leur donnera le leuraut,
La perdrix, & la tourte graffe,
Les lapereaux & la beccaffe,
Le heron, ou le courbejaut.

    Là il faut boire à la bouteille
Tous d'vn accord, & du meilleur
Là d'vne ioyeufe merueille
Chacun par ordre fe reueille
Et fe rend de tous affailleur.

    Là ne fe parle que de rire,
Et de goffer en liberté :
On n'y oit point d'autruy mefdire,
On n'y veut à perfonne nuire
Ny de fait ny de volonté.

    Leur repas eft libre & modefte,
D'herbes & de fruits meflangé,

N'engendrant vn hocquet moleste,
Qui volontiers aux banquets reste
Apres que lon à trop mangé.

Aussi ne leur faut-il point faire
Tant de despens au Medecin,
Ny en drogues d'Apoticaire;
Aussi personne à leur affaire
Ne vient espier le bassin.

Qui est celuy qui eut enuie
Manger des Paons & faisans,
Et changer ceste honteuse vie
A la friandise asseruie
Des miserables courtisans?

Qui est celuy, ie vous supplie,
Qui parmy cest heureux sejour,
Les grandeurs du monde n'oublie,
Et la sotte melancholie,
Que l'on prend à faire l'amour?

Viuez contens, ô Gentils-hommes,
Auec la paix & la santé,
Estimant vos fruicts & vos pommes
Plus que ne fait ses grosses sommes
L'vsurier de peur tourmenté.

Si vous n'auez aupres d'vn Prince
Ces estats & les pensions,
Pour gouuerner quelque Prouince,
Aussi personne ne vous pince,
Et n'obserue vos actions.

Vous ne cerchez point l'artifice

Pour attraper vn don d'vn Roy,
Ou pour voler vn benefice
Ou pour faire vendre vn office
Contre la raiſon & la loy.

Vous n'eſtes point en vne ſalle
A vous mocquer d'vn eſtranger,
Et par trahiſon deſloyale
D'vn compagnon qui vous eſgale,
Ne taſchez point à vous vanger.

Si vous n'eſtes aupres des Dames
A danſer & faire l'amour,
Auſſi ne ſentez-vous les flammes,
Et l'ennuy dont ces pauures ames
Sont tourmentees nuiǎt & iour.

Auſſi n'auez-vous point la peine
De vous friſer tout le matin
De faire bien ſentir l'haleine,
Et chacun iour de la ſemaine
Changer de veloux & ſatin.

De gaudronner voſtre chemiſe
Et touſiours y porter la main:
De vous habiller à la guiſe,
Tantoſt d'vn ſeigneur de Veniſe,
Tantoſt d'vn Cheualier Romain.

Viuez donc aux champs, Gentils-hommes,
Viuez ſains, & ioyeux cent ans,
Francs du mal heur des autres hommes,
Et des factions où nous ſommes
En vn ſi miſerable temps.

Puissiez vous laisser en vieil aage
Vos enfans sans dissention,
Vostre fils aisné hors de page,
Se contentant de l'aduantage
Des fiefs en la succession.

F I N.

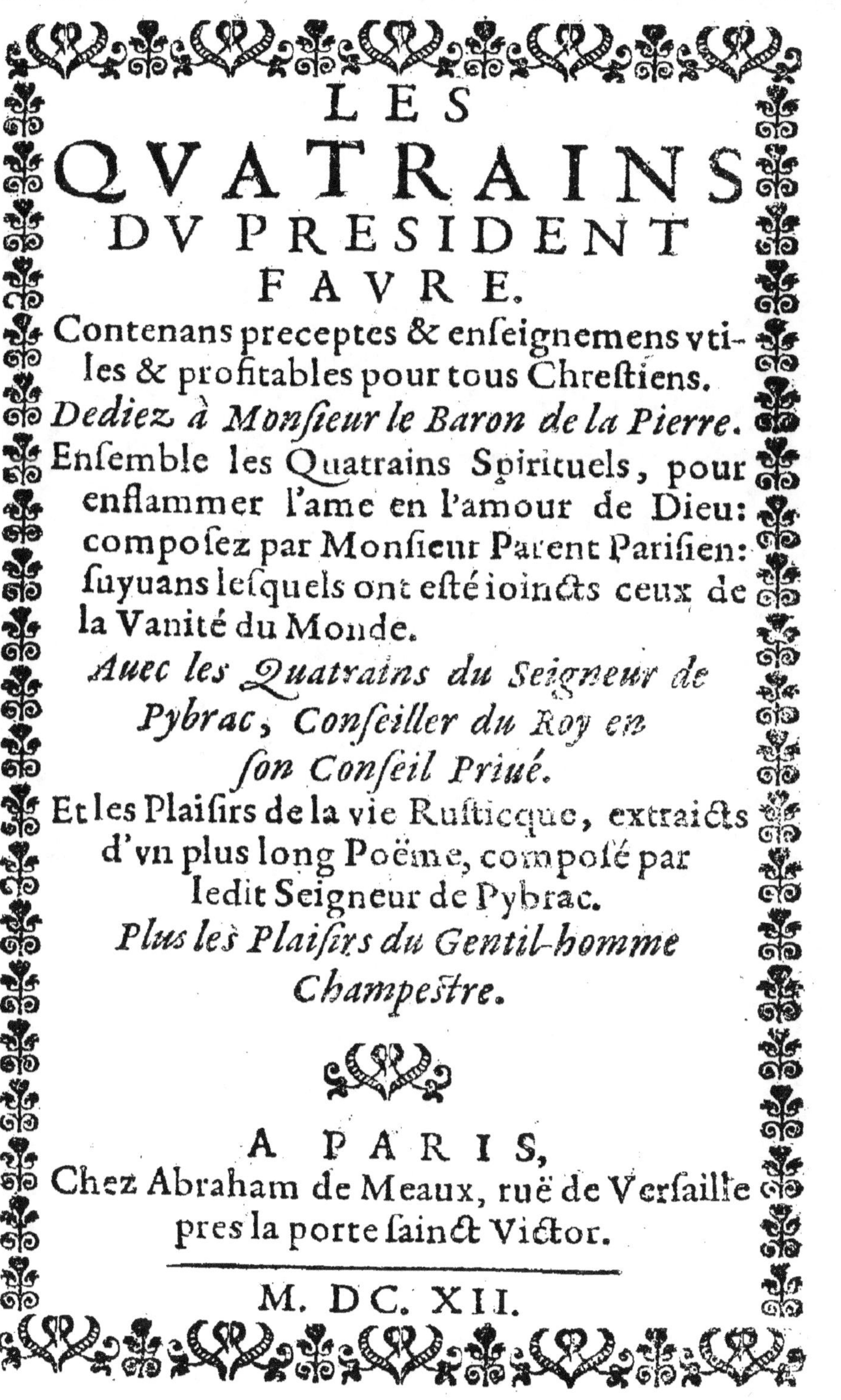

LES QVATRAINS

DV PRESIDENT FAVRE.

Contenans preceptes & enseignemens vti-
les & profitables pour tous Chrestiens.

Dediez à Monsieur le Baron de la Pierre.

Ensemble les Quatrains Spirituels, pour
enflammer l'ame en l'amour de Dieu:
composez par Monsieur Parent Parisien:
suyuans lesquels ont esté ioincts ceux de
la Vanité du Monde.

Auec les Quatrains du Seigneur de
Pybrac, Conseiller du Roy en
son Conseil Priué.

Et les Plaisirs de la vie Rusticque, extraicts
d'vn plus long Poëme, composé par
ledit Seigneur de Pybrac.

Plus les Plaisirs du Gentil-homme
Champestre.

A PARIS,

Chez Abraham de Meaux, ruë de Versaille
pres la porte sainct Victor.

M. DC. XII.

LES
QVATRAINS DV PRE-
SIDENT FAVRE.

I.

Our viure à Dieu, l'homme doit en Dieu
    viure:
Qui vit à soy meurt soudain à son Dieu:
Mais celuy-là qui dit au monde adieu,
Mourant à soy vit bien pour mieux reuiure.

II.

Ce n'est mourir de perdre ceste vie,
Rien que le corps par la mort n'est vaincu,
Pourueu qu'on ait Chrestiennement vescu,
La mort se voit par soy-mesme rauie.

III.

Ce sac de vers, ceste charongne morte,
Vn iour, vn iour son ame reprendra,
Lors par effect le corps aduouëra,
Que non luy l'ame, ains que l'ame le porte.

IIII.

Ayant forfaict, ne dy point, ie suis homme:
Mais souuien-toy d'estre encore Chrestien:
Et t'aduoüant indigne d'vn tel bien,
Garde sur tout qu'ingrat Dieu ne te nomme.

A ij

V.

Où que tu sois, quoy que ton peché face,
Croy que ton Dieu te voit de tout costé:
Pourrois-tu bien de sa diuinité,
Respecter moins que d'vn Prince la face?

VI.

Adore Dieu comme vn Chrestien doit faire,
N'est le premier de leures, ains de cœur:
Le principal c'est d'aimer son honneur,
C'est l'adorer, ne vouloir luy desplaire.

VII.

Ren-toy deuot, si tu veux que la grace
De ce grand Dieu t'empesche de pecher:
Et ne croy pas d'estre si dur rocher,
Que pour cela meilleur il ne te face.

VIII.

Estre deuot n'est qu'vn desir extresme
De laisser tout pour s'vnir tout à Dieu:
Mais qui plus est quand le temps & le lieu
Le veut ainsi, pour Dieu laisser Dieu mesme.

IX.

Pour viure bien, fay que souuent ton ame
Rentrant en soy, medite sainctement,
Quel est ton Dieu, quel toy semblablement:
Combien luy grãd, combien toy pauure infame.

X.

En ces deux poincts, soy-mesme, & Dieu co-
Gist tout le bien qui se peut desirer: (gnoistre
Heureux qui peut l'vn de l'autre attirer,
Et par le ciel les enfers recognoistre.

XI.

Fay qu'vn defir de la vie eternelle
Inceſſamment époinçonne ton cœur,
Si tu pretens d'eſtre en fin le vainqueur
De ceſte mort, qui ſe vante immortelle.

XII.

Garde toy bien d'aimer Dieu pour la gloire,
Qu'vn iour tu veux de ſa main receuoir,
Tu te rendrois indigne de l'auoir,
Le poſtpoſant au prix de ta victoire.

XIII.

Ayme ton Dieu pour ſa bonté ſi grande,
Qui te cherit d'vn amour ſi conſtant:
Peux-tu n'aymer vn Dieu qui t'ayme tant,
Qui rien de toy que l'amour ne demande?

XIIII.

De ceſte amour ſi ton ame eſtoit pleine,
A ton prochain pourrois-tu faire mal?
Puis qu'il ne faut aymer l'homme à l'égal,
L'amour de Dieu produit l'autre ſans peine.

XV.

Pour bien aymer autruy comme toy-meſme,
Ne t'ayme point, ſinon comme celuy,
Lequel n'a rien qui ne ſoit de l'autruy,
Pour eſtre aymé, non meſmes de ſoy-meſme.

XVI.

Hay ta chair, & ſes plaiſirs infames,
Mais encor plus ta propre volonté,
C'eſt celle-là de qui l'authorité
Fait regorger les enfers de tant d'ames.

A iij

XVII.

Tant aymer Dieu que soy-mesme on haïsse?
C'est s'aymer bien, & d'amour bien lié:
Mais t'aymer tant, que Dieu soit oublié,
C'est prier Dieu que l'enfer t'engloutisse.

XVIII.

Vser, iouyr, ont telle difference,
Que sans se perdre on en peut abuser:
Iouyr Dieu seul, sans iamais en vser:
Du reste vser, mais par non iouyssance.

XIX.

Honneurs, estats, richesse incomparable:
Cil qui premier vous osa dire Bien,
Puis que si mal il cogneut vostre rien,
Que ne fut-il fait par vous miserable?

XX.

Si les tresors Dieu compare aux espines:
Comment peux-tu dans ta main les serrer?
Ouure-la donc, & pour mieux t'asseurer
Remply ton cœur de richesses diuines.

XXI.

Le voyager n'est-il sot, s'il ne change
Tout son argent, qui n'a mise autre part?
Tu cours au ciel pour y prendre ta part,
Pren donç de Dieu quelque lettre de change.

XXII.

Mais pour l'auoir (car par tout il en donne)
Fay liberal l'aumosne à plein boisseau,
Puis que tu sçais, que pour vn verre d'eau,
Pour vn denier il rend mainte couronne.

XXIII.

Quand tu reçois en tes biens grãd dommage,
Pour te sauuer Dieu descharge ta nef:
Puis qu'il te faut encrer là haut en brief,
Garde qu'au port tu ne face naufrage.

XXIIII.

Oy ce vieil mot, qui dit cache ta vie,
Si tu ne veux que viure impunément:
Mais si tu sçais viure Chrestiennement,
Fay qu'en la voye, & qu'on y prenne enuie.

XXV.

Ne cherche point de ressembler, mais d'estre,
Tel que tu veux de tous estre estimé:
A quoy te vaut d'estre tel renommé,
Si Dieu te voit, s'il te tient pour vn traistre?

XXVI.

Ie ne veux pas que l'honneur tu mesprises,
Quand ta vertu se fera venerer:
Mais ie voudrois que pour plus t'honorer,
Il vint à toy lors que moins tu le prises.

XXVII.

Ce poinct d'honneur qui tant picque le mõde,
Croy qu'il n'est pas puis que ce n'est qu'vn point:
Ou que s'il est, pour le moins il n'a point,
De cest honneur, qui porte qu'on s'y fonde.

XXVIII.

Croy que plustost c'est vn seur tesmoignage
Du peu de cœur qu'a l'homme impatient:
Qui pour brauer, à la mort s'enfuyant,
Du moindre mot ne peut vaincre l'outrage.

XXIX.

Lors qu'il faudra que la cause publicque,
Ou de ton Dieu arme en guerre ton flanc,
Fay voir alors prodigue de ton sang,
Combien tu vaux quand le deuoir te picque.

XXX.

Ne pense pas qu'vn bon cœur se desfie
D'estre vaillant & humble ensemblément:
L'humilité doit estre l'ornement
De la valeur, l'orgueil de la furie.

XXXI.

L'humilité à Platon incogneuë
Ne s'apprend point qu'en l'escole de Dieu:
C'est celle-là, qui seule sans milieu
Se porte en bas pour voler sur la nuë.

XXXII.

Si par discours tu ne peux bien comprendre,
De ta grandeur l'immense vilité,
Voy qui tu es, voy qui tu as esté,
Qui tu seras encore apres ta cendre.

XXXIII.

Si Dieu fait chair, s'appelle ver de terre,
Voudrois-tu bien prendre vn tiltre pareil?
Dy que tu n'es que poudre, ains le cercueil,
Où le grand Rien tous ses tiltres enterre.

XXXIIII.

L'humilité n'est point ambitieuse
De cet honneur qui la suit dignement
C'est double orgueil de feindre simplement
L'humilité quand elle est orgueilleuse.

Ne

XXXV.

Ne pense pas que pour humble te dire
Ce soit assez d'estre tel recognu,
Il faut de plus quand tu seras tenu
Homme de peu, le croire, & puis t'en rire.

XXXVI.

Ne fais iamais que ton œuure meschante
Donne argument de parler mal de toy:
C'est le secret pour bien viure & m'en croy,
Ouyr le blasme, & faire tant qu'il mente.

XXXVII.

Quand tu seras outragé comme infame,
Ne dy iamais, ie suis homme de bien,
Mais, dy sans fard, ha ie merite bien
Pour mes pechez plus de mal que ce blasme.

XXXVIII.

Ne fais estat que de ta conscience:
Si l'on te veut faussement accuser,
Ne laisse pas, pour ne scandaliser,
De faire voir à tous ton innocence.

XXXIX.

Pren pour amis ceux qui sont de ton aage,
S'ils sont meilleurs, & plus sages que toy:
S'ils ne le sont (sans leur dire pourquoy)
Laisse les là, prend des vieux le plus sage.

XL.

Platon dit vray, que de la defiance
(Comme vn enfant) la prudence naissoit:
Ne dy qu'encor la defiance soit,
Tout au rebours, fille de la prudence.

XLI.

Ayme vn chacun si tu veux que Dieu t'ayme:
Ne pren pourtant vn chacun pour amy:
Ayme vn chacun, voire ton ennemy:
Mais tes amis plus encor que toy-mesme.

XLII.

A ton amy qu'auras sceu bien eslire,
Ne craint d'ouurir le secret de ton cœur:
Mais pour iamais n'offencer son honneur,
Crain de penser ce qu'il doiue redire.

XLIII.

De l'ennemy, qui tes œuures espie,
Pour t'en venger tire commodité,
Te faisant bon, si tu ne l'as esté,
Si ja tu l'es, viuant plus saincte vie.

XLIIII.

L'homme meschant (esclaue de son vice)
Ne peut durer, s'il n'a de grands amis:
Mais pour mon mieux Dieu me doint ennemis
Plein d'vn desir, qui braue ma malice.

XLV.

Pour estre aymé, fay que ceux qui te prisent,
De ta faueur cherissent les honneurs
Et ne sois pas fait semblable à plusieurs,
Qu'on n'ayme point que de peur qu'ils ne nui-
(sent.

XLVI.

Fol est celuy dont le discours se fonde,
Sur ce qu'il peut en songe imaginer,
Mais bien plus sot, qui pense gouuerner
Apres sa mort vne autre fois le monde.

XLVII.

A quoy seruir tant de vaines loüanges,
Apres ta mort tu ne les sentiras,
Garde pluftoft que là où tu feras
Tu ne fois ry du diable & de fes Anges.

XLVIII.

Puis que tu fçais quel moyen il faut fuiure,
Pour viure bien, pourquoy ne vis-tu pas?
Pour bien mourir, ainfi qu'à ton trefpas,
Tu voudrois bien auoir fceu toufiours viure.

XLIX.

Si pour guerdon de ta vertu plus rare,
Dieu t'enrichit, & de biens & d'honneur,
Louë fi haut la bonté du donneur,
Que pour ton mieux il t'en foit plus auare.

L.

Tu peux baftir, comme oyfeau fur la terre,
Comme Chreftien tu dois baftir aux cieux,
Ce feul palais te rende ambitieux,
Dont Dieu fera le maffon & la pierre.

LI.

De l'enuieux les langueurs nompareilles
Tiennent fon cœur iuftement affligé:
Mais fi tu veux eftre encor mieux vengé,
Donne à fon cœur cent yeux, & mille oreilles.

LII.

Du mal d'autruy prendre vn plaifir extrefme,
Du bien d'autruy conceuoir maint regret,
C'eft tefmoigner de ne fçauoir que c'eft,
Ny bien, ny mal d'autruy, ny de foy mefme.

LIII.

L'homme lascif prend sa chair pour excuse,
L'auare l'or, le superbe l'honneur,
L'ire vn sang chaud, la santé le dormeur,
Et le gourmand, l'enuieux tout accuse.

LIIII.

Rougis-tu point luxurieux infame,
De descharger ta faute sur le corps:
Hé pense-tu honnissant le dehors,
Rendre plus net le dedans de ton ame?

LV.

Ne dy iamais, pour couurir ta luxure
Que ce peché se cache dans sa chair:
C'est dans ton cœur que tu dois rechercher,
De ton forfaict, & la source, & l'ordure.

LVI.

De ces pechez, que capitaux on nomme
Sçache sur tous la luxure fuyr,
Ne vois-tu pas les bestes y courir?
Les autres n'ont, que du diable, & de l'homme.

LVII.

L'auare estant de son or idolatre,
N'a pour obiect que le mal de son bien,
Et pour compter, changeant son tout en rien,
Moins il en a, plus il dit cinq & quatre.

LVIII.

Bien dit-on vray, qu'il n'est telle richesse,
Pour viure heureux, que le contentement;
L'auare n'a que le content : & ment,
Quand sien il dit ce qu'aux autres il delaisse.

LIX.

Si tu pouuois le Ciel par l'or acquerre,
Ce soing deuroit sans cesse te tenir:
Mais si tu sçais quel mal t'en peut venir,
Pourquoy baiser l'excrement de la terre?

LX.

Dequoy peux-tu t'en orgueillir superbe,
Si tu n'as rien que Dieu ne t'ait donné?
S'il faut desia, qu'à peine encor bien né,
Tu sois l'espic, dont la mort fait sa gerbe.

LXI.

L'ambition du Ciel precipitée,
Contre le Ciel va tousiours s'esleuant:
C'est pour plonger aux enfers plus auant,
Comme au bourbier la pierre en haut iettée.

LXII.

L'ambition pour mere a l'ignorance,
L'orgueil pour pere, & l'enfer pour pays,
Pour son plaisir, cent mille & mille ennuis:
Mais pour bourreaux sa seule impatience.

LXIII.

Quoy qu'offensé, sois tousiours debonnaire,
Et en ce poinct ne ressemble à Platon,
Qui n'espargnoit ses valets, ce dit on,
Que quand contre eux il estoit en colere.

LXIIII.

Dieu ne veut pas qu'à l'esgal d'vne souche,
Tu sois sans poux, quand tu es offencé:
Mais que ton cœur (iustement courroucé)
Se commandant tienne en bride ta bouche.

LXV.

Le courroux est des tortures plus fortes,
Pour descouurir de ton cœur le secret,
Sois au rebours, à la grace tout prest,
Tu feras voir qu'en ton cœur Dieu tu portes.

LXVI.

Si des pechez le grand nombre te presse,
Si le combat t'en semble trop affreux,
Ie te diray comme en fuyant tu peux
Les vaincre tous, fuy la seule paresse.

LXVII.

Courir tousiours au deuoir de sa charge,
C'est, combatant, fuyr l'oysiueté:
Sans dur combat le vice n'est dompté,
La seule chair, quand tu fuis prend la charge.

LXVIII.

Ce n'est le tout de brouïller mainte affaire,
Pour n'estre dit iustement paresseux:
Le principal, c'est n'estre point de ceux,
Lesquels font tout, fors ce qu'ils doiuent faire.

LXIX.

Pauure gourmand, doù vient que tant tu disnes
Si tu n'as faim, ou si tost tu l'auras?
Veux-tu sçauoir comment tu banniras
Ces voluptez, gouste mieux les diuines.

LXX.

Pourquoy dis-tu, pour excuser ta bouche
Que ta santé te fait estre gourmand :
Si par ieusner ton ventre oncques n'apprend,
Combien dort mieux, qui sans souper se couche.

LXXI.

Le ventre plain de crapule & de sauce,
Tout en dormant, la luxure produit:
Fay le ieusner, il fera moins de bruit,
Et si fera que tant mieux Dieu t'exauce.

LXXII.

Si d'vn beau corps le vain regard te tente,
Va voir ton ame, & nüe, & sans tesmoins,
Si belle elle est, pourquoy l'aymes-tu moins?
S'elle ne l'est, qu'est-ce qui te contente?

LXXIII.

Si tu voyois la beauté de ceste ame,
Lors que de Dieu la grace l'embellit,
Tu bruslerois, & ta table, & ton lict,
Pour t'embraser d'vne si saincte flamme.

LXXIIII.

Pour paruenir tu peux bien te promettre,
Sans te flatter, qu'en fin tu paruiendras:
Mais ne crois point lors que grand tu seras
D'estre si bon qu'il faudroit pour tel estre.

LXXV.

Ne iuge point l'homme bon, ou coulpable,
Pour bien, ou mal qu'il reçoiue de Dieu,
Voy seulement, si le ciel, ou le feu
Desia le fait heureux, ou miserable.

LXXVI.

Vy comme ayant à mourir tout à l'heure,
Vy comme ayant à viure longuement,
L'vn te fera viure eternellement,
L'autre si peu, qu'à ta mort on te pleure.

LXXVII.

Ne crains la mort, pour douleur qu'elle appor-
La mort n'est rien, puis qu'on ne la sent pas:
Mais vy si bien, qu'apres ce tien trespas,
La mesme mort aux enfers ne t'emporte.

LXXVIII.

Ton Dieu, ta mort, pour vn iour te surprendre,
Comme larrons veillent ia ta maison:
Pour t'asseurer, sçache en toute saison,
Faisant bon guet, estre prest de te rendre.

LXXIX.

L'homme de bien peut souffrir calomnie
Il n'en doit pas estre moins estimé:
Mais quand tu vois quelque homme diffamé,
Croy que son nom est meilleur que sa vie.

LXXX.

De tes amis honore la memoire,
S'ils sont viuans cherche de les receuoir,
S'ils sont ja morts, fay qu'ils puissent te voir,
Vn iour là-haut compagnon de leur gloire.

LXXXI.

D'vn tien amy perdant la iouyssance,
Si par sa mort, prens le patiemment,
Si par son tort, pren-le ioyeusement
Si par le tien, meurs oū purge l'offence.

LXXXII.

Quand le meschant te voudra faire outrage,
Pour ne venger, ny receuoir le tort,
Fay-luy toucher que tu es le plus fort:
Mais en effect montre-toy le plus sage.

LXXXIII.

Si de ton Dieu la iuste main te presse,
Recognoissant que c'est pour ton peché,
Souffre ioyeux : ou si tu es fasché,
Fay voir que c'est ton peché qui te blesse.

LXXXIIII.

Du cœur humain la figure t'exorte,
Que le tien soit, quant au monde serré:
Mais quant à Dieu, large ouuert & carré,
Pour le loger quand luy-mesme s'y porte.

LXXXV.

Peut-on souffrir que la Philosophie,
D'vn seul instant face si peu de cas,
S'il faut en fin que l'instant du trespas,
Donne la Loy à l'eternelle vie?

LXXXVI.

Si de la mort le chemin pour Dieu mesme
Se voit frayé, pour monter sur les cieux,
Quand tu la vois venir clorre tes yeux,
Es tu Chrestien, si ton ame en est blesme?

LXXXVII.

N'atten d'auoir acheué ta carriere,
Pour faire part aux pauures de ton bien :
En plaine nuict faut-il pour y voir bien,
Que ton flambeau t'esclaire par derriere?

LXXXVIII.

De tes forfaits, quand Dieu t'a purgé l'ame,
Sois plus soigneux qu'oncques de ne pecher:
La mesche esteinte, au soudain approcher,
De la fumée, aussi tost se renflamme.

C

LXXXIX.

Pour viure heureux iamais ne t'imagine,
L'estat meilleur où tu voudrois te voir :
Discours plustost que tu deusses auoir,
Pis que tu n'as, comme en estant plus digne.

XC.

Chery l'honneur de voir souuent ton Prince :
Mais pour celà ne frequente la Cour,
Là le plus grand en fin se trouue court,
Le plus vaillant, celuÿ qui mieux te pince.

XCI.

N'aille à la Cour, qui dira ce qu'il pense,
Ny qui craindra d'auoir mille enuieux,
Ny qui voudra d'vn cœur ambicieux,
Pretendre au Ciel pour toute recompense.

XCII.

Nul n'est repris de gueule, ou d'auarice,
D'orgueil, luxure, enuie, oysiueté,
Sans en rougir, tant soit-il eshonté,
Le seul venger faict gloire de son vice.

XCIII.

Rien ne te sert de pleurer tes miseres,
Qu'à faire voir que tu n'as point de cœur :
Veux-tu tirer profit de ta douleur !
Laue vn peché de mille pleurs ameres.

XCIIII.

Ne dy iamais, tel m'a faict miserable,
Autre que toy ne te peut faire mal :
De ton bon-heur es-tu si liberal,
Qu'au gré d'autruy tu le rende perdable ?

XCV.

L'homme est grand sot, s'il ose se promettre,
Cent ans de vie : ah c'est trop s'abuser !
Quiconque sçait sa vie mespriser,
Sçache qu'il est de la tienne le maistre.

XCVI.

Le monde est rond, l'ame triangulaire,
Comment pourroient mille mondes remplir :
L'ame qui est capable de tenir,
Celuy qui peut milles mondes deffaire?

XCVII.

Heureux celuy qui voit pleurer sa race,
D'enfans bien nez : mais beaucoup plus heureux
Qui les rend tels, qu'il puisse auoir en eux
Dignes vaisseaux, où Dieu verse sa grace.

XCVIII.

Bien que c'est peu de ceste vie humaine,
Grand est celuy qui la sçait bien priser:
Mais bien plus grand, qui la sçait mespriser,
Non par dedain, mais pour l'aymer sans peine.

XCIX.

Quand tu voudras compter au vray ton aage,
Ne me dy point i'ay soixante ans & plus:
Tu compterois les ans que tu n'as plus,
Compte tes iours dés quand tu seras sage.

C.

Si tu fais mal, ton plaisir est d'vne heure,
Mais le regret t'en demeure à iamais:
Si tu fais bien, te prenant tu t'y plais,
La peine passe & le plaisir demeure.

FIN.　　　　C ij

LES QVATRAINS
SPIRITVELS POVR
ENFLAMMER L'AME
en l'amour de Dieu.

Par RAOVL PARENT, Parisien.

A PARIS

Chez Abraham de Meaux ruë de Versaille,
pres la porte sainct Victor.

M. DC. XII

QVATRAINS SPIRITVELS
POVR ENFLAMMER L'AME
EN L'AMOVR DE DIEV.

I.

BRusle ô mõ Dieu, taille icy ma charógne
Pour le repos eternel me donner:
Plaisir du corps il faut abandonner,
Puis que sa fin est douleur & vergógne.

II.

Chrestien veux-tu que ta prison se rompe
Pour voir ton Dieu & gaigner le haut pris,
Rends contre trois le combat entrepris,
Sathan, la chair, le monde qui nous trompe.

III.

Si d'vn moment pend l'eternelle vie,
Prens moy la croix en ce peu de moment,
Pour auec Dieu viure eternellement:
L'heur de ton ame est d'estre en luy rauie.

IIII.

Grand cas, qu'auons au dos dedans l'espine,
Vne pierrette, en grosseur de millet,
Vray diamant, indomptable au maillet,
Qui ja du corps l'estre immortel deuine.

V.

N'est-il pas vray qu'au rond Mathematique,
Si de fort pres tu le viens approcher,
Ton œil n'y peux sur aucun lieu ficher:
Mais de plus loing tu y vois l'Amerique?

C iiij

QVATRAINS

VI.

Plus tu es loing, plus tu cognois le monde,
Car de trop pres il vient à t'esblouïr,
L'Hermite sainct qui l'a voulu fuir,
Recognoist mieux qu'il est sale, & immonde.

VII.

Souuerain bien t'est bonne compagnie,
Heureux qui l'as dés le siecle present :
Par ce moyen Dieu fait que vas croissant,
En saincteté, dont ton ame est munie.

VIII.

L'œuure de Dieu par tres-grande excellence,
Est de bien faire à l'homme nuict & iour :
Ingrat qui n'a le reciproque amour,
Il n'ayme pas du ciel la iouyssance.

IX.

Dieu cherche vn homme, & n'en veut qu'vn
Pour appaiser sa colere & fureur   (en terre,
Contre le monde, & pour vn seruiteur
Il retiendra son foudre & son tonnerre.

X.

Hermites saincts vous nous faictes partage
Trop inegal, quand vous prenez le Ciel,
La terre à nous laissant pleine de fiel :
De Iesus-Christ pour tous est l'heritage.

XI.

Les vanitez toutes mises ensemble,
L'homme mortel est encore plus vain,
Auiourd'huy Roy, poudre sera demain,
En vanité n'a rien qui luy ressemble.

Dieu

XII.

Dieu void les bons d'en-haut du ciel supreme,
Mais les meschans obstinez en peché,
Ne void du ciel, ains en terre approché,
Sodome en sert de pourtraict à l'œil mesme.

XIII.

Celuy qu'on traine au gibet & potance,
Quand par vn pré s'addresse le chemin,
Il ne veut pas qu'on luy face vn festin,
Voyant si peu du gibet de distance.

XIIII.

L'homme qui court à la mort d'heure en heure
En son chemin s'il trouue du plaisir
Qu'il ne s'adonne à rire de loisir,
Mais que la mort il apprehende & pleure.

XV.

Peste & poison des rieurs la grand bande
Tout leur est vn en table auprès l'écran,
Le Ciel, l'Enfer, la Bible, & l'Alcoran,
D'ame, & de corps, vont au diable en commāde.

XVI.

Sur toy pouuoir à toute creature
De qui tu as nauré le Createur,
Comme vn rebelle à son Roy & seigneur,
Pert ses vassaux, & cliens de droicture.

XVII.

Retourne à Dieu, qui purge toute essence,
En Dieu le bien est tout essentiel :
Qui desespere est trop materiel,
Peché n'est rien que du bien defaillance.

D

QVATRAINS

XVIII.

Tous animaux courent à la Panthere
D'elle attirez par la fragante odeur,
Fors le serpent remply de puanteur,
Qui craint creuer en fleurant son contraire.

XIX.

Tant qu'il y a d'hommes parmy le monde
Fleurent l'odeur de Iesus tres benin,
Hormis Sathan, plein de rage & venin,
Et ceux qu'il traine en l'abyſme profonde,

XX.

Croy qu'auſſi toſt de toy ton Dieu s'eſlongne,
Que tu te viens approcher du peché :
Auſſi-toſt eſt de toy Dieu r'aproché,
Qu'en le cerchant tu cours à la beſongne.

XXI.

L'homme voudroit endurer toute choſe,
S'il cognoiſſoit que vaut l'aduerſité,
C'eſt vn threſor bien grand en verité,
Le Ciel achepte, & les vertus arroſe.

XXII.

Si l'Ange eſtoit ſuſceptible d'enuie
Il enuîroit que nous pouuons mourir,
Et pour Iesus au martyre courir :
Tant eſt grand cas d'offrir pour Dieu ſa vie.

XXIII.

L'humilité de ſoy conſideree,
Sans l'appliquer à aucune vertu,
N'eſt rien du tout, & ne vaut vn feſtu,
Mais la vertu d'icelle eſt bien parée.

SPIRITVELS.

XXIIII.

Elle reſſemble au zero de ſon ſtyle,
Qui ne vaut rien ſi tout ſeul eſt compté,
Mais au plus bas des nombres adiouſté,
Les fait monter à dix, à cent, à mille.

XXV.

Tout ce que Dieu trouue en nous, de nous
Il le remplit de ſa diuinité,　　　　　(vuide,
Ayant quitté, ſa propre volonté,
L'ame eſt alors ſans macule, & ſans ride.

XXVI.

Ayme celuy qui rondement t'accuſe,
De tes pechez, vas le remercier :
Mais qui ton vice eſt pront à pallier
Repouſſe-le, pour autant qu'il t'abuſe.

XXVII.

T'apperçois-tu que quelque creature
T'a fait du bien, fais la reflection,
Au Createur, d'où vient l'effuſion
De tant de biens ſur l'humaine nature.

XXVIII.

Ne vas courant apres les biens du monde,
A qui les tient, c'eſt charge & peſanteur,
Qui les cherit il en ſoüille ſon cœur
Et qui les perd en larmes ſe deſbonde.

XXIX.

O que richeſſe endure grand folie,
Riche baſtit Chaſteaux ſuperbement,
Riche ſe veſt d'habits ſuperfluement,
Et riche n'eſt que poudre, cendre & lie.

D ij

XXX.

Deliure toy, ô pecheur de toy-mesme,
Et sors soudain de toute iniquité,
En t'appuyant sur la diuinité,
Conserue toy, & ton rien en Dieu mesme.

XXXI.

Sage mondain, tu as la propre veuë
Du chat-huant, qui esclaire de nuict,
La vanité est ce qui te reluit,
La verité t'esblouyt toute nuë.

XXXII.

Ne m'vse plus de ce mot de fortune,
Qu'il ne soit plus en bouche aux courtisans
Busquer, forger sa fortune disans,
Ceste voix est à Dieu trop importune.

XXXIII.

De toy fortune en l'Escriture saincte
Il n'est parlé qu'en tres mauuaise part,
Et ce vne fois, quand Dieu mis à l'escart
L'homme s'asseure en vne idole feinte.

XXXIIII.

La fin de tout terrestre labourage
Soit de semer au Ciel commencement,
Car de cacher en terre son froment,
C'est de ses biens faire vn piteux naufrage.

XXXV.

Timidité de cœur pusillanime
Plus que la fiévre est vn mal dangereux,
Car il esteint les eslans genereux,
Qu'vn bon vouloir dans nos ames anime.

XXXVI.

La verité faut dire toute nuë,
Ouy, ou non, sans autre iurement,
Car en iurant tu t'accuse ordement
D'estre vn vilain, à qui la foy n'est deuë.

XXXVII.

Plusieurs diront, ie n'ayme le blaspheme,
Mais ce-pendant ie ne m'en puis garder:
Prens ce conseil, & donne sans tarder
Autant d'escus, tu te gueris toy-mesme.

XXXVIII.

En tout bon œuure y a gloire & merite,
Rapporte à Dieu la gloire seulement,
Le merite est pour ton contentement,
Qui ne t'est pas recompense petite.

XXXIX.

Si le fourmy pour l'hyuer magazine
Quelque fourment, le germe en est chastré,
Car prudemment il craint d'stre frustré,
S'il monte en herbe, & s'il pert sa farine.

XL.

Tu vois l'onguent & liqueur precieuse,
Perdre l'odeur quand elle est mise au vent?
L'œuure bien fait aussi se pert souuent
De vaine gloire estant l'ame enuieuse.

XLI.

Veis tu iamais dans l'eau deux pots de terre,
L'vn creuassé, l'autre faict vniment,
Tant qu'ils y sont, sont pleins entierement,
Mais retirez, le percé l'eau ne serre.

D iij

XLII.

Humble, orgueilleux, vont ouyr l'Euangile
En pleine Eglise, & semblent tous remplis?
Mais tout soudain, sont-ils du banc saillis,
L'vn le retient, & l'autre aux pieds le pile.

XLIII.

L'homme pecheur est fort semblable à l'asne,
Foible deuant sur le derriere fort.
Il manque à Dieu, le monde est son renfort,
Au mal est prompt, au bien fort il ahane.

XLIIII.

La mouche à miel estant couuerte d'huile,
Ses petits trous estoupe en se mourant,
Si par vinaigre on ne va les ouurant,
Et dans son corps vn peu d'air ne distile.

XLV.

La creature aux delices plongée,
Perdra plustost l'instinct du sainct Esprit,
Que quand la goutte, ou fiévre l'amegrit :
Car par la Croix vne ame est mieux rangée,

XLVI.

Le beau parler est bien moins qu'innocence,
Ce n'est pas tout de sainctement prescher:
Mais quand l'on n'a rien à te reprocher,
C'est ce qui plus te donne de creance.

XLVII.

Souuent est plus modeste la pensee,
Soubs vn manteau de drap d'or & d'argent,
Que dans le cœur d'vn bien pauure indigent,
Ou soubs l'habit de quelque mal-chaussee.

XLVIII.

Le sage n'est ny facheux, ny tetrique,
Et n'a le cœur à tristesse attaché :
Mais d'vn esprit gaillard & sans peché,
Le mot pour rire a souuent pour replique.

XLIX.

Le iuste dit qu'il n'est point en mal-aise,
Quoy qu'il ait faim, ou soif ou nudité,
Car de Dieu prend ce dont est visité,
Soit bien, soit mal, & n'a rien qui luy pese.

L.

Quoy qu'on le tuë, il met son esperance
Auecques Iob en Dieu, son Createur,
Le cognoissant au profond de son cœur,
Et admirant sa saincte prouidence.

LI.

Autre est des morts & des vifs la deuise,
La mort de croix & douleurs tient propos,
Le vif du corps prise fort le repos,
Tels en Thabor sont sainct Pierre, & Moyse.

LII.

Au iugement de sept, faut rendre compte,
Du mal penser, mal dire, mal ouurer,
Du bien obmis, & de l'oisif parler,
Des maux d'autruy, du bien fait, mais par honte.

LIII.

N'est-il pas dit en l'Escriture saincte
Marque d'esclaue estre oreilles percer ?
Et ce-pendant ta noblesse offencer
Tu penserois, si n'auois ceste atteinte.

LIIII.

O le grand mal quand le sainct Euangile
Qu'on presche au peuple au peché s'endurcit
Dieu pour cela tous nos iours accourcit,
Et tant de gens se meurent file à file.

LV.

Combatre on faict deux bestes de furie,
Deuant vn Roy pour luy donner plaisir,
Sathan faict plus, deux grans à son desir,
Lance au duel, & rit de leur tûrie.

LVI.

Chrestien tu as deux mains deuant ta face,
Non pour neant, mais pour y veoir soudain
Deux loix d'amour de Dieu, & du prochain,
Dont tout salut depend, & toute grace,

LVII.

Si nos deux mains ont des doigts par dizaine,
Souuenons-nous des dix Commandemens,
Le Decalogue a dix enseignemens
Pour nous guider pendant la vie humaine.

LVIII.

L'hõme Chrestiẽ doit auoir pour bien moudre
Meule de crainte au dessus contre orgueil :
Meule dessoubs d'esperance sans dueil,
Et secoüer par foy toute la poudre.

LIX.

Quand de la Croix sur toy tu faicts le signe,
Tirant du front à l'estomac tout droict,
Par le trauers du gauche au costé droict,
D'où veint Iesus, & ce qu'il feit t'enseigne.

LX.

Il veint du Pere au ventre d'vne Vierge,
Tous de la gauche à sa droicte amener,
Les boucs puants en brebis façonner,
Et gouuerner son peuple par sa verge.

LXI.

Quelquonque, ame spirituelle,
Garde-toy bien de tant t'appriuoiser
Hors de ton sexe, & crains de mes-vser
D'vn pur amour en chose temporelle.

LXII.

L'ame qui est au comble de folie
Par son peché remply de saleté,
Va recouurant sa premiere beauté
En receuant la saincte Eucharistie.

LXIII.

Comme tu vois que le feu s'incorpore
Dedans le bois , & deuient charbon vif,
Ainsi ce pain des ames nutritif
Nous conuertit en soy-mesme & deuore.

LXIIII.

Ce corps de Dieu va destruisant le vice
Il esclarcit mesme l'or des vertus:
Bref il nous rend de Iesus reuestus,
Et chasse loing Sathan plein de malice.

LXV.

Tres-saincte chair, voire vne fois receuë,
Tu nous produits tant d'excellens effects,
Que qui souuent frequente tes banquets
Son ame engraisse, estant de Dieu repuë.

E

QVATRAINS

CXIIII.

Si du grand Dieu l'amour ton ame ronge,
Que ne viens tu remonstrer au prochain,
Qui est l'image & pourtraict de sa main:
L'amour parfaict en cela tout se plonge.

CXV.

La vray' Noblesse & qui est bien apprise,
Les deux genoux en terre adore Dieu:
Qui ne flechist qu'vn genouil deuant Dieu,
Sent son laquais, qui peu son ame prise.

CXVI.

La Vierge vole, vn Martyr prend la course,
Le Confesseur marche, & l'homme imparfaict
Se faict tirer au ciel, & prend son traict:
Tous vont à Dieu par differente escousse.

CXVII.

Aduance, aduance, & n'vse de remise,
Il faut quitter la chanson du Corbeau:
Ce cras maudit fait aller à val l'eau
De beaux desseins, & n'est d'aucune mise.

CXVIII.

Voy tu qu'vn don pour ton salut te manque?
Va t'en soudain de Dieu le requerir:
Il te viendra promptement secourir,
Et ton talent croistra plus qu'à la banque.

CXIX.

Ce que ne peut la force violente,
Par la douceur est mieux executé:
Ce grand Monarque ayant patienté,
Void tout flechir dessous sa main puissante.

CXX.

O quels effects d'vn Pasteur charitable!
Sainct Chrysostome estant ramené mort
Benist son peuple, & fut l'amour si fort,
Qu'vn ja deffunct fit ce signe admirable.

CXXI.

De tout oyseau dont on fait sacrifice,
Dieu fit la plume en la cendre ietter:
Aussi ne faut d'aucun bien t'exalter,
Mais de la mort penser au precipice.

CXXII.

Le Rossignol entre tous magnifique
Couuant ses œufs chante à Dieu toute nuict:
Dormiras-tu sur ton œuure en ton lict,
Sans que ta langue à prier Dieu s'applique?

CXXIII.

Ton Iesus-Christ est la fontaine viue,
Dont coule l'eau dans le ciel tressaillant,
Qui l'ame & corps au dernier resueillant
Les repaistra d'vn eternel conuiue.

CXXIIII.

Que le meschant n'a-il plus d'heur au monde,
Veu le mal-heur qui l'attend en enfer?
Les bons deuroient estre enclumes de fer
Veu les grands biens dont au ciel on abonde.

CXXV.

Il est besoin que chacun recognoisse
Son peché seul causer tous nos mal-heurs,
Sans l'imputer aux Rois ou grands Seigneurs:
Vn seul peché fait naistre mainte angoisse.

LXXVIII.

Le nombre eſt ſainct propre au diuin ſeruice,
Que nous auons en noſtre chapelet,
Qui de cinquante, & dix, & cinq eſt faict
Belle triade, & qui rend Dieu propice.

LXXIX.

Remiſſion ſe donne au cinquantieſme,
Par les cinq playes de noſtre Redempteur,
Du Decalogue eſtant obſeruateur,
Qu'eſcrit iadis Dieu de ſon doigt luy-meſme.

LXXX.

Ieſus eſleut la croix pour ſon ſupplice
Que l'homme peut à toute heure former
Contre Sathan, qui cherche à difformer,
Et à remplir la terre d'immondice.

LXXXI.

Bien parler eſt vne choſe exceſlente,
Mais le ſilence eſt bien plus eloquent:
Car ſi tu es aux extaſes frequent
Dieu te rauit, & ton cœur ſe contente.

LXXXII.

Sans bruit ſe fit de Salomon le temple,
Au ſang d'vn Ver la pierre ſe tailloit:
Ce petit Ver le Sauueur eſmailloit
Fendant le cœur à qui ſon ſang contemple.

LXXXIII.

De Ieſus-Chriſt quiconque a la ſcience,
Ne fait eſtat les autres ſauourer:
De ſçauoir tout, & Ieſus ignorer,
Ce n'eſt ſçauoir, ains tres-lourde ignorance.

LXXXIIII.

L'on ne faict point de plus grand sacrifice
Que de zeler le salut du prochain:
Car le Sauueur n'eust iamais autre fin,
Que par sa mort nous rendre Dieu propice.

LXXXV.

Spirituel en tes dons ne te mire,
Crainte qu'en fin tu tombe du haut mal,
Qui est l'orgueil du serpent Infernal:
L'humilité droit au ciel nous attire.

LXXXVI.

Pour refrener ta sale conuoitise,
Pense ton corps n'estre qu'vn sac à vers:
Le contemplant mort, & mis à l'enuers
Dans le tombeau que le passant mesprise.

LXXXVII.

Quelque beauté que soit la corporelle,
Ce n'est que l'ombre & peincture du beau,
Lequel excede & passe de nouueau
Toute beauté de la vie mortelle.

LXXXVIII.

Si de ton corps la forme n'est plaisante,
Efforce-toy d'auoir vn bel esprit:
Ce corps n'est rien, tost il passe & perit,
L'ame est diuine & trop plus excellente.

LXXXIX.

As-tu du corps la beauté singuliere,
Ton ame dois plus encore embellir:
La bourse d'or ne faut tant auilir,
Que d'y porter dedans de la poussiere.

CXXXVIII.

Ceſte mort fut lors par trois reparee,
Par Gabriel, par la Vierge d'honneur,
Par Ieſus-Chriſt l'obeyſſant Sauueur
Qui recouurit la brebis eſgarce.

CXXXIX.

A quatre obiects eſt ton ame lice,
A Dieu, au ciel, au prochain, au peché,
Tu ſatisfaicts, & n'en es empeſché,
Te preſentant deuant toy ceſte idee.

CXL.

Sers à ton Dieu, contemple au ciel l'Eſtoille,
De ton prochain aye ſoin par charité
Ton peché plore & ton iniquité,
Ainſi t'acquitte & rends ton ame belle.

CXLI.

L'homme qui n'eſt en priſon que pour debte,
Si l'on luy dit : veux-tu d'icy ſortir?
Reſpond ouy : car i'eſpere partir
Pour m'en aller chez moy faire retraicte.

CXLII.

Mais l'aſſaſſin qui eſt en baſſe foſſe,
Et ſçait deſia ſon iugement de mort
Ne veut ſortir, n'eſperant reconfort,
En cœur maling la crainte on voit encloſe.

CXLIII.

Sathan n'a pas la liberté de faire
Autant de mal que fait l'homme peruers,
Il eſt eſclaue & lié comme aux fers:
L'homme icy bas eſt libre & volontaire.

CXLIIII.

Plus le charnel son friandventre engraisse,
Plus de son ame espoissit la prison:
Le ieusne sobre assisté d'oraison,
Monter au ciel fait l'ame d'allegresse.

CXLV.

La mouche à miel qui picque & aiguillonne
Sans de son Roy la douceur imiter,
Meurt tout soudain : pour te trop irriter,
Mal qu'à autruy tu poursuis, te talonne.

CXLVI.

De sainct Denis saincte soit la memoire,
Qui baptisa la France de sa main:
Luy descouurant en vn miroir diuin
Des Anges saincts le bel ordre & la gloire.

CXLVII.

Heureux Loys, Roy sainct par tout le monde,
Ton sceptre adonc reluit en Paradis,
Contre le Turc vaillant tu fus jadis,
Auec la croix par tout faisant la ronde.

CXLVIII.

Prelats que sert de sainct Denis l'exemple?
Nobles, que vaut d'auoir vn si sainct Roy,
Si ne mettez les deux mains au charroy
Pour maintenir les sainctes loix du Temple?

CXLIX.

Dieu voit-il pas la France qui endure
Tant de mal-heur faute de bons pasteurs?
Ioignons, ioignons la foy aux bonnes mœurs,
Et nostre France aura la paix qui dure.

QVATRAINS

CII.

Souuent Dieu fait à l'auare largesse
D'or & d'argent, sans l'auoir merité,
Pour l'inuiter à liberalité:
Mais s'il y faut, sent sa main vengeresse.

CIII.

Le iuste dit qu'il se fasche de viure
En la saison d'vn siecle mal-heureux:
Et qu'il ne peut voir fouler à ses yeux
La loy de Dieu, qu'il faut tousiours ensuyure.

CIIII.

Bien plus grand' est en dedans la fenestre
Que par dehors au sacré bastiment:
Cela nous sert à tous d'enseignement,
Que Dieu cherit plus qu'il ne fait paroistre.

CV.

Le iugement, la gloire & la vengeance,
Dieu s'est voulu pour luy seul reseruer:
Car en ces trois l'homme on ne peut trouuer
Sans passion, ny de iuste balance.

CVI.

Quand tu n'aurois qu'vne volonté saincte,
Dieu te viendra promptement visiter:
Sa crainte en toy & faueur augmenter,
Pour en ton cœur auoir la croix empraincte.

CVII.

C'est pour les bons que la machine ronde
Tourne & produit tant de biens en saison:
N'en vsant point ils ont quelque raison,
Car ce n'est rien des plaisirs de ce monde.

CVIII.

Ne ſois vn monſtre au ſurplis & l'eſpee,
Portant la Croſſe enſemble & le bouclier:
Cela ne peut qu'à Sathan te lier,
Et ta nobleſſe eſteindre & ta lignee.

CIX.

Tu n'auras point là haut au Ciel la ioye
Si le plaiſir mondain ne veux quitter:
De deux plaiſirs on ne peut heriter,
En cherchant l'vn de l'autre on ſe deſuoye.

CX.

Du feu diuin ta langue eſtant purgee,
Lors hardiment de Dieu tu parleras,
Et ton prochain par tout ediſiras,
Bien qu'en tout mal ſon ame fuſt plongee.

CXI.

Tel a de biens icy grand penurie,
Qui trop riche eſt de deſirs d'en auoir:
Bien qu'il ſoit pauure il n'en a le vouloir,
Qui ne luy ſert plus qu'vne croix pourrie.

CXII.

Si l'homme faict icy quelque œuure bonne,
Il ne la fait tant de luy que de Dieu:
Que ſi par là monte au ciel en haut lieu,
C'eſt Dieu lequel ſon œuure en luy couronne.

CXIII.

Ce n'eſt aſſez de n'aymer point la gloire,
Il faut auſſi toute iniure endurer:
Car pour Dieu veoir faut ſon cœur eſpurer,
Et par la croix auoir de ſoy victoire.

F

LXVI.

Ame Chrestienne, es-tu pas abusee
De tant aymer l'or, l'honneur, & la chair,
Veu que tous trois font du ciel tresbucher,
Et que par eux la mort s'est aduancee?

LXVII

Le Saueur eut tousiours pour compagnie
La pauureté, le mespris, la douleur,
Au souuerain degré de leur rigueur,
Et à la croix sa gloire s'est vnie.

LXVIII.

Faute des grands par les petits est beuë:
Tousiours le foible est foulé du plus fort;
Nostre Seigneur au contraire en sa mort
Porta des siens la peine au peché deuë.

LXIX.

Ne lis-tu pas quand Ioseph l'Interprete
Eut expliqué le songe au prisonnier,
Que cest ingrat, remis au rang premier
Mit en oubly son compagnon Prophete?

LXX.

Iesus-Christ est de Ioseph le modele,
Chacun l'oublie en sa prosperité,
Courant tousiours apres la vanité,
Sans foy, sans loy, sans charité sans zele.

LXXI.

Quand Rachel fils de sa douleur t'appelle,
Ton pere alors fils de dextre te dit,
L'Eglise aussi quand martyre on subit,
Nantit de Dieu la dextre nompareille.

LXXII.

L'arbre fruictier plus en fruicts il abonde
Et plus il vient ses branches à plier,
Le grand esprit plus doit s'humilier,
Lors que de dons plus à l'ame feconde.

LXXIII.

Ha le mal-heur ! ta fille est-elle nee,
Pour la contraindre outre son mouuement
De faire vn vœu, dont son cœur la desment?
Ne crains-tu point, las ! qu'elle en soit damnee?

LXXIIII.

L'œuure afaisonne au sel de sapience,
Gardant tousiours la mediocrité:
Car trop d'esprit, trop de simplicité,
Font bien souuent faillir à la cadence.

LXXV.

Nulle perte est par douleur recouuerte,
Que celle dont est cause le peché,
Si d'autres biens la perte t'a fasché,
Dieu ne te rend pour plorer ceste perte.

LXXVI.

Si nous croyons de Dieu la prouidence
S'estendre autant que sa paternité,
Puis qu'il est pere, & l'est en verité,
N'ayons de luy aucune deffiance.

LXXVII.

Point ne serons en ce monde à nous-mesme,
Que ne soyons à Dieu premierement:
Car hors de Dieu l'estre n'a fondement,
Et l'estre en Dieu est son essence mesme.

QVATRAINS

CXXVI.

Quand le Soleil vient à fondre la glace,
En mesme instant on void les eaux couler:
On void l'argent au pauure aussi rouler,
Quand charité donne sur nostre face.

CXXVII.

La bague aymons plus quand l'auons perduë,
Et la vertu a de particulier,
D'empraindre plus son amour singulier
Au mesme temps que la perdons de veuë.

CXXVIII.

La chasteté à l'yuoire ressemble,
Qui est fort blanc en son commencement:
Mais il deuient rouge finalement:
La Chasteté vn long martyre semble.

CXXIX.

A Dieu desplaist la langue serpentine:
Si en secret ton prochain vas picquant,
Traistre & larron tu es quoy qu'eloquent,
Et ne verras la Maiesté diuine.

CXXX.

O quel mal-heur quand la haine est couuerte
D'vn beau semblant qui se fonde en raison:
Bien tost cherra sus dessous la maison
De tels pipeurs, & se verra deserte.

CXXXI.

Montant au Ciel Dieu l'Europe regarde,
Qui est pour toy, France, quelque bon-heur:
Iesus te void mesme en son lict d'honneur:
Estant en croix son œil te sauue & garde.

CXXXII.

Ingrate France, as tu dequoy respondre
Quand tu viendras au dernier iugement?
Prepare toy de faire vn changement
De tes pechez, & en Dieu te refondre.

CXXXIII.

Si Dieu nous a la paix à tous donnee,
Il ne faut pas la guerre luy liurer:
La vraye paix l'on ne peut recouurer,
Qu'à Dieu ne soit l'ame toute adonnee.

CXXXIIII.

Ce n'est assez viure à la Catholique,
Et demonstrer vn bel exterieur:
Qui n'est aussi pur en l'interieur,
Il croist, mais c'est à la diabolique.

CXXXV.

Dy hardiment & en toute asseurance,
Qui la noblesse enseigne à craindre Dieu,
Et de l'Eglise estre enfant en tout lieu,
Est vn pillier de l'Estat de la France.

CXXXVI.

En la grand' mer dicte Mediterranee,
De cent vaisseaux on n'en void vn perir:
Et des pecheurs on n'en void vn guerir,
Presque entre mille, voire en toute vne annee.

CXXXVII.

Trois ont causé de l'homme la ruyne,
L'Ange maling, de la femme l'orgueil,
Du vieil Adam le trop facile accueil:
Et par ces trois la mort dressa sa mine.

QVATRAINS

X C.

Qu'eſt-ce du vent la meſure comprendre,
Poiſer le feu, le paſſé reuoquer?
Regler ſa vie, vent qui va ſans picquer,
Poiſer l'amour, le temps perdu reprendre.

X C I.

Par le ſilence on vient à la ſcience,
Quand l'homme à part s'adonne à mediter,
Et de bon cœur tout le monde quitter,
Pour à Dieu ſeul conioindre ſon eſſence.

X C I I.

L'humble d'eſprit perſonne ne meſpriſe,
Quand il void choir & tomber ſon prochain:
Point ne s'ingere à iuger de ſa fin,
Car de ſon rien le premier il s'aduiſe.

X C I I I.

Plus tu veux faire accroiſtre ta richeſſe
Plus diminuë en toy la charité:
Car ton prochain aymant ſans vanité
Content de peu, du plus feras largeſſe.

X C I I I I.

O qu'il eſt bon viure en l'obeyſſance
De Dieu premier, puis du Siege Romain:
Cela ſe tient d'vne ſi longue main,
Que d'y manquer c'eſt n'auoir conſcience.

X C V.

Le medecin tant bien ne s'attempere,
Quand la rheubarbe il donne au patient,
Que noſtre Dieu fait en nous chaſtiant
Touſiours au poix balançant la miſere.

XCVI.

Quand le Tres-haut voit icy bas l'Eglise
Estre en peril sous la main des tyrans,
Tout à coup vient armer les elemens
Contre les grands, & tost les puluerise.

XCVII.

De la façon que l'Aigle aux siens se porte,
Dieu vole haut, & l'Eglise plus bas:
Mais si Sathan luy dresse quelque las,
Il fond à plomb, le renuerse à main forte.

XCVIII.

Tu vois l'enfant quand le mastin s'approche,
Son pain en garde à quelqu'autre bailler:
Mais si le chien commence à s'en aller,
L'enfant son pain reprend, & l'espinoche.

XCIX.

Pourquoy donc riche ayans biés & cheuance,
Lesquels Sathan fait en plaisirs manger,
N'en donne-tu au pauure sans songer,
Qui rend au Ciel, où Sathan n'a creance?

C.

Quatre porteurs ha la mort infernale,
Penser plus viure, en Dieu trop presumer,
Aymer le monde, & le trauail n'aimer;
Sathan par là destrousse nostre malle.

CI.

Fol est celuy qui des coquilles serre
Sur le riuage au temps de s'embarquer:
Et que te sert tant d'or au coing marquer,
Voyant la mort qui son dard te desserre?

CL.

Dauid tu as souuent la harpe prise,
Pour entonner du Tres-haut la grandeur,
Par cent cinquante Archipsalmes d'honneur,
De mon Psautier benis donc l'entreprise.

F I N.

LES
QVATRAINS
DE LA VANITE
DV MONDE.

A PARIS

Chez Abraham de Meaux ruë de Versaille,
pres la porte sainct Victor.

____

M. DC. XII

QVATRAINS
DE LA VANITÉ
DV MONDE.

I.

Out paſſe, & tout s'en va, rien ferme ne de-
meure,
Le temps qui fauche tout, luy meſmes ſe de-
ſtruict,
La nuict chaſſe le iour, le iour chaſſe la nuict,
Les ſaiſons les ſaiſons, & l'heure chaſſe l'heure.

II.

La terre, l'onde, l'air & le feu peſlo-meſle
Des humains ſe iouants, font, defont & refont
Les choſes d'icy bas, & autre plaiſir n'ont
Que de changer de guiſe, & de forme nouuelle.

III.

Sous la voute du Ciel on ne voit rien de ſtable,
Et l'homme neantmoins s'oſe bien tant flater,
De croire qu'il y peut long temps ferme arreſter,
D'effect, & de diſcours doublement miſerable.

IIII.

Côme vn coulant ruiſſeau de ſa ſource argétine
Droict au ſein de Tetis precipite ſon cours,
Semble ne ſe changer, & ſe change touſiours:
Ainſi l'homme ſans ceſſe à la mort s'achemine.

G ij

v.

Au fueillage des bois, dont la fresle verdure
Naist, & meurt tous les ans , Homere comparoit
La race des humains: mais trop l’honoroit,
Car beaucoup moins encor l’humaine race dure.

VI.

Aux bouteilles qu’ó voit du desgout de la pluïe
Le boursouffler sur l’eau, qui presque aussi tost
Se dissipent en vent, que le vent les esclost,
Il faut parangonner le vain de nostre vie.

VII.

Ne tascher qu’à s’estédre, hausser & có paroistre,
Se promettre les ans, & se voir en vn iour
Serré, tappy couuert en vn cendreux sejour,
C’est iouer le mondain sur l’eschaffaut terrestre.

VIII.

Les ans & les saisons, les mois, le iour & l’heure,
Se forment d’vn instant, & c’est’instant n’est rien,
Encor la mort le happe, & rauit comme sien,
Si que de l’aage humain mesme rien ne demeure.

IX.

Prens le téps cóme il viét, ne t’en dóne de peine,
Bon ou mauuais qu’il soit, tu ne le peux changer
Il faut bon gré, malgré, à son cours te ranger,
Il meine qui le suit, qui ne suit il l’entreine.

x.   (porte,

Naitre grád, ou petit, pauute, ou riche qu’im-
Si la parque nous réd tous égaux à la fin?
Les grandeurs, & les biés sont emprunts du destin
Cóme l’on entre au móde, il faut que l’ó en sorte.

XI.

De momét en momét l'air se change&rechãge
L'air change les esprits, & les humeurs aussi,
Eux deux chãgét les corps, les corps chãgét aussi,
Se chãgeans par la mort en leur premiere fange.

XII.   (que,
Calez voile, Mondains, oyez l'Hebrieu Monar-
Qui en la haute mer de tous plaisirs porté,
S'escrie, Vanité! que tout est vanité :
Et du danger preueu retirez vostre barque.

XIII.
Dy-moy, qu'est deuenu l'Empire d'Assirie,
Des Medes, des Persãs, des Romains, des Gregeois
Et de tant de grandeurs? si plus rien tu n'en vois,
Dy moy, qu'est ce du monde, qu'vn peu de moc-

XIIII.   (querie?
D'vn torrent d'esbordé bien vite passe l'onde ;
Plus vite va le traict, & le vent se mouuant :
Mais plus soudain encore, que l'eau le trait, le vẽt
Se passent & s'en vont les plaisirs de ce monde.

XV.
Beauté, faueur, cheuance, & plaisir, & liesse,
Sont les plus belles fleurs du parterre mondain:
Mais le tige en esclost du iour au lendemain,
Laideur, mespris, disette, & regrets, & tristesse.

XVI.
Cõpter les ans vescus, & ceux qu'on pése viure,
C'est compter ton argent apres qu'on la perdu:
C'est entrer en despens sur vn bien attendu;
C'est tenir d'Axones & l'humeur, & le liure.

XVII.

Le passé, le futur, & le present volage
Ne se peut r'appeller, promettre, retenir,
L'vn ne laisse de soy qu'vn fascheux souuenir,
Cestuy-cy nous amuse, & l'autre nous rauage.

XVIII.

Tout ce que l'homme vit n'est rien à la nature,
Et au respect du têps qu'vn point, & neantmoins
Il vit ce peu qu'il vit à soy mesme encor moins
Qu'àchasque passiõ, qui le trouble àtoute heure.

XIX.

L'esperance & la peur d'vne contraire ruse
S'accordent pour piper le peu caut'terrien,
L'vne luy promet tout, & ne luy donne rien,
L'autre du peu qu'il a ne permet qu'il en vse.

XX.

Ce n'est qu'vn imposteur, vn enchâteur le mõdo
Ce n'est qu'illusion tout ce que voir il faict,
Le beau le bon, le vray, qu'icy bas il promet,
Tout en laid, en mauuais, & faux en fin redonde.

XXI.   (sont verres,

Grands, petits, beaux, & laids, tous les verres
Vn peu de vent les faict, encor moins les deffaict,
Cassez ils sont tous vns, ainsi de l'homme il est,
Grands, petits, beaux, & laids, tout meurt, & re-

XXII.   (tourne en terre.

Donne quatre vingts ans au cours de la nature,
Rabats l'aage enfantin, & le caduc aussi,
Rabats-en le dormir, le mal & le soucy,
Puis compte la dessus combien la vie me dure.

VANITE DV MONDE.

XXIII.

Pour long téps que l'on viue à peine peut on di-
D'auoir vescu vingt ans, car celuy ne vit pas [re,
Qui enfant, ou viellard, malade ou sans soulas
Ne peut gouster la vie, ou de mourir desire

XXIIII.

Côme vne barque en mer que le vent fauorise,
L'homme entre les plaisirs au monde va flottant
La tourmente qui vient, est la mort qui l'attend,
Le sepulchre est l'escueil où en fin il se brise.

XXV.

Sans ordre, sans arrest, sans aucune asseurance
Qu'on y puisse fonder, & le mal & le bien
Arriuent aux mortels, & le monde n'a rien
De ferme, & de costár, que sa propre incôstáce.

XXVI.

Rien ne vient en l'esprit, quipar les sens ne passe
Et les sens sont deceus chacuns en leur object,
Eux deçoiuent l'esprit : ainsi l'homme ne sçait,
Ny ne sent icy bas, qu'vne vaine fallace.

XXVII.

Ce que plus on attend, le moins souuent arriue,
Ce qu'on attend le moins, aduient le plus souuét
Attens, ou n'attens pas, tire arriere ou auant
Comme le monde va, il faut que tu le suiue.

XXVIII.

Que sont les biés môdains, que si fort tu abayes?
Qu'est-ce en fin du plus grád Monarque terrien?
Que deuient la beauté, & l'orgueil Paphien?
Ainsi respond l'echo, ses responses sont vrayes.

G iiij

XXIX.

Auec peine & trauail les richesses s'amassent,
Auec peine & trauail il les faut consommer,
Auec peine & trauail l'homme s'en voit priuer,
Auec peine & trauail il meurt, & elles passent.

XXX.

Mesle qui sçait mesler, pour auoir des plus belles,
Qui se la peut donner, prenne la meilleure main,
On ne rapporte rien en fin de ieu mondain,
Et s'il reste du guain, il va pour les chandelles.

XXXI.

D'vn discordant accord chacune creature
Fait musique en ce mode, or' d'vn, or' d'autre son,
Mais de l'homme tousiours vn Helas! est le ton,
Qu'auec mille souspirs il chante par nature.

XXXII.

Sur le terme aduenir tousiours faire son compte,
Anticiper les ans, n'estre asseuré d'vn iour,
Penser gaigner le temps, & le perdre tousiours,
C'est en quoy à la fin le plus fin se mesconte.

XXXIII.   (rendre
En quel acte, en quel lieu, en quel temps se peut
L'hôme, pour sain qu'il soit, asseuré de la mort,
Si beuuant, ou mangeant, elle fait son effort,
Et mesmes en riant elle nous vient surprendre?

XXXIIII.   (barque,
Qui plus haut, qui plus bas dans la mondaine
Qui pis, qui mieux placé, qui ioyeux, qui chagrin,
Tous font mesme voyage, & descendent en fin
Esgalement traictez au grand lac de la Parque.

D2

XXXV.

De posthumes humeurs paistre sa fantaisie,
Vouloir reigler le monde, où plus on ne sera,
Prendre soucy des biens, lesquels plus on n'aura,
C'est le comble parfaict de l'humaine folie.

XXXVI   (respanduë

Nous mourons tous les iours, & comme eau
Sur le sable alteré, qui tout à coup s'emboit,
S'escoule l'aage humain, & nul ne s'apperçoit,
Que plus la vie croist, plus elle diminuë.

XXXVII.

Si quelqu'vn se faschoit de voir qu'vn autre passe
Premier par le chemin qu'il doit tenir apres
Ne s'en riroit-on pas? neantmoins tu le fais,
Quand tu pleures celuy qui deuant toy trespasse

XXXVIII.

Que doit vn passager desirer dauantage,
Sinon d'accomplir tost son chemin entrepris?
Puis que pour passager Dieu ça bas l'hóme a mis,
Pourquoy se fasche-il d'accomplir son voyage?

XXXIX.   (reuiure,

Nous naissons pour mourir, & mourons pour
Pour reuiure immortels ceste Foy nous auons:
La mort plus que la vie aimer donc nous deuons,
Puisque mesmes la mort de la mort nous deliure.

XL.

Dans l'Euripe confus des vanitez mondaines,
L'homme flotte agité de mil diuers desseins,
Ses pensers, ses discours, & ses efforts sont vains,
Car le monde n'a rien de certain, que ses peines.

H

XLI.

Le destin incognu qui le monde gouuerne,
Tout ainsi qu'il luy plaist, d'vn arbitre commun
Donne à l'vn, oste à l'autre, & nourrit vn chacun
D'autres biens qui des siens, sans qu'aucuns les di-
(scerne,

XLII.

De mourir ne faisoit au monde que sousrire,
Heraclite au rebours incessamment pleuroit,
Tous deux auoient raison, car au monde l'ô voit,
Egalement dequoy tousiours pleurer & rire.

XLIII.

Du téps en mesme téps qui se plaint, qui se louë,
Et si iamais le temps n'est pire, ny meilleur:
De nous vient, non du téps, la ioye & la douleur,
Et le temps à chacun est tout tel qu'il l'allouë.

XLIIII.

Au milieu des plaisirs la douleur vient à naistre,
Du laict des voluptez les regrets sont nourris :
O faux môde impudét, qui nous mors & nous ris,
Si ton bié n'est que mal, ton mal que doit-il estre?

XLV.

L'hôme se cuide mis dans ce mondain theatre,
Seul pour y brauer tout, & tout l'y va brauant,
Iusqu'au moindre mouchô luy fait sentir souuét,
Combien de son orgueil il luy conuient rabatre.

XLVI.

L'hôme naist ignorât, & luy faut tout apprédre,
Sçachant il ne sçait rien, mais de qui apprend-il?
D'vn hôme comme luy, qui n'a qu'vn vain babil,
Lequel mesme il ne sçait luy-mesme bien com-
prendre

XLVII.

Tout le mõde n'est rien que vaine perspectiue,
Où l'œil humain trompé, cuide voir en effet
Biens, honneurs & plaisirs, & ne voit que le traict
D'vn abusif pinceau, d'vne ombre deceptiue.

XLVIII.   (constance

Tout le monde & son train n'est que vaine in-
L'homme mesme n'est rien que pure vanité,
Encor mettez au pois l'vn & l'autre aiusté,
La verité fera tresbucher la balance.

XLIX.

Qui a veu des enfans les empoules soufflées
Par vn chaume trempé dans du sauon dissous,
S'esler & fodre en l'air? c'est encor moins de nous
Et des pompes du monde en vn rien exhalées.

L.   (plaire,

Face pluye, ou beau temps, le Ciel ne sçauroit
Aux desirs de chacun, les veux sont differents,
Nul pour parfaict qu'il soit, peut plaire à toutes
     gens,
L'hõme mesme à luy mesme à peine peut cõplaire

LI.

Chacun naist en ce monde auec sa marotte,
Le plus sage est tenu qui mieux le sçait cacher,
Qui pense en estre exépt, ou pouuoit empescher
Qu'elle n'eschape vn peu, tiét la gãme plus haute.

LII.

Dans l'instable Ocean des mondaines miseres
Cercher le calme heureux qui se trouue au ciel,
Péser de tousiours viure & tout meurt ieune & vieil
C'est pescher aux forests, & chasser aux riuieres.

LIII.

Tels que menus formis, qui picorent la pleine,
Les hommes vont brilant apres les biens ça bas,
Mais pires que fourmis ils ne iouïssent pas,
Ny dessus, ny dessous la terre de leur peine.

LIIII.

Tu te ris des enfans qui s'empressent à faire
Leurs petits vains chasteaux, leurs nopces, leurs
   banquets,
Mais la mort rit de toy, qui tout vieil que tu es,
Fais la mesme folie en plus gros caractere.

LV.

Le goust d'vn sõge faulx est de plus grãd' durée,
Que du monde pipeur, les vains plaisirs ne sont,
Ils n'arriuent si tost, quaussi tost ils s'en vont,
Ou d'vn songe plaisant l'eueil encor agrée.

LVI.

Ceste vie est vn ieu de Première, pour dire,
Les ioüeurs sont le téps, le sort, l'hóme & la mort:
Le téps dit tousiours, Passe: Ie l'éuoye, dit le Sort,
L'homme le tient, la mort fait du reste, & le tire.

LVII.

Trois fiefs tyrãs diuers, Sathã, la Chair le Móde,
Sont ensemble liguez pour l'homme s'esclauer;
Dieu sõ seul & vray Roy, veut, s'il veut le sauuer
Mais las! il fuit son bien, & son mal il seconde.

LVIII.

T'oses tu bien promettre vne ferme demeure,
Chetisue creature, en vn chemin glissant ?
Pose, que la fortune allast establissant
Au monde tes desseins, faut-il pas qu'on y meure?

LIX.

Le temps grand voicturier des effects de nature
Tout ameine, & emmeine, abolit, & produit :
Tant plus l'homme s'y fie, tant plus il est seduit,
Car tousiours il luy mãque au bout de l'aduẽture.

LX.

Puis que de son desir la nature infine
Ne se peut l'imiter en object limité,
Tourne tes yeux au Ciel, ô charnel hebeté,
Et ne t'abuse plus en la terre finie.

LXI.

Au lieu de conceuoir tant de vaines Idées
En ta creuse ceruelle, aduise & pense vn peu
Où tu dois retourner, & d'où tu es yssu,
Et surquoy sont ça bas toutes choses fondées,

LXII.

Pense vn peu, quels pésers tu pésois en enfance,
Et quels pensers depuis d'aage en aage tu as ;
Et pensant ces pensers, pensif tu penseras,
Que fors penser à Dieu, tout est vain ce qu'õ pése.

LXIII.

Sur la fumée en l'air, sur l'instable de l'onde,
Sur le christal formé du seul froid d'vne nuict,
Sur le sable mouuant cil insensé construict,
Qui plãte ses desirs sur les biens de ce monde.

LXIIII.

Mal-aduisé mõdain, pourquoy suis-tu le mõde
Si son train est peruers, esloigné de vértu ?
S'il te trompe tousiours, pourquoy t'y fie-tu ?
Qui te le faict aimer, si tousiours il te gronde ?

H iij

LXV.

La rosee au Soleil, n'est si tost consommée,
L'aube si tost n'esteint les flambeaux de la nuict,
Si tost le vent n'emporte & le son & le bruict,
Que le monde s'en va & sa gloire enfumée.

LXVI.

De l'estoffe du Rien, de l'abisme profonde,
Du vuide, du neant est tiré tout ce Tout,
Tout & Rien c'est tout vn, tout en rien se resoult,
Tout le móde est vn rié, & vn rié est tout lé móde.

LXVII.

Le móde va & viét, sans qu'on puisse cóprendre,
Non plus que de la mer ses mouuemens diuers:
Mais comme la mer est aux pilotes expers,
Le móde est à chacun tout tel qu'ó le sçait prédre

LXVIII.

L'vn plus, & l'autre moins s'entretiét dessus l'ódé
L'vn icy, l'autre là paroist & disparoist,
Le monde incessáment s'en accroit & descroit,
Et tout retourne en rié, de mesme en fait le móde

LXIX. (l'homme

Voulez-vous au naif d'vn seul traict peindre
Peignez vne bluette, ou le prompt d'vn esclair,
Donnez-luy pour deuise vne Chimere en lair,
Et pour mot escriuez, tout en vain se consomme.

LXX.

L'ombre d'vn songe vain, le iouet de fortune
Et la proye du temps l'homme il faut appeler,
Auec aisles de cire, il cuide au ciel voler,
Mais comme Icare il sert d'vne fable commune.

VANITE' DV MONDE.

LXXI.

Qui deçà, qui delà, se peine & se repose,
Qui parle, qui se taist, qui bastit, qui destruict,
Qui domine, qui sert, qui proffite, qui nuict,
Mais qui pense à mourir, mal ce but se propose.

LXXII.

Ce monde est vne mer, la terre la galere,
L'homme en est le forçat, le pilotte le sort,
Le trauail, l'argousin, & le tumbeau le port,
Où plustost qu'il arriue, il n'est franc de misere.

LXXIII.

De tous les animaux qui viuent sur la terre,
L'homme est le plus chetif, car dans son creux cerueau,
Il n'a plus grand desir que d'estre son bourreau,
Et seul se fait luy mesme à luy-mesme la guerre.

LXXIIII.

C'est vn cours personnel de hazard, que la vie,
C'est vn flus & reflus d'inutiles labeurs,
C'est vn tableau broüillé, le grossier és erreurs,
Où l'on ne cognoist rien qu'vne vaine folie.

Vanitas vanitatum, & omnia vanitas.